家庭教育艺术
JIAOYU YISHU

洛克菲勒
给孩子的 38 封信

衡孝芬 / 编著

民主与建设出版社

图书在版编目（ＣＩＰ）数据

洛克菲勒给孩子的38封信 / 衡孝芬编著. -- 北京：

民主与建设出版社, 2019.11

（家庭教育艺术）

ISBN 978-7-5139-2426-9

Ⅰ.①洛… Ⅱ.①衡… Ⅲ.①洛克菲勒(

Rockefeller, John Davison 1839-1937)—书信集②青少年

教育—家庭教育 Ⅳ.①K837.125.38②G782

中国版本图书馆CIP数据核字(2019)第269589号

洛克菲勒给孩子的38封信

LUO KE FEI LE GEI HAI ZI DE 38 FENG XIN

出 版 人	李声笑
编　　著	衡孝芬
责任编辑	刘树民
封面设计	三石工作室
出版发行	民主与建设出版社有限责任公司
电　　话	（010）59417747 59419778
社　　址	北京市海淀区西三环中路10号望海楼E座7层
邮　　编	100142
印　　刷	三河市天润建兴印务有限公司
版　　次	2019年11月第1版
印　　次	2020年1月第1次印刷
开　　本	880毫米×1230毫米　1/32
印　　张	30
字　　数	756千字
书　　号	ISBN 978-7-5139-2426-9
定　　价	198.00元（全六册）

注：如有印、装质量问题，请与出版社联系。

　　家庭教育通常是指在家庭生活中，由家长对其子女实施的教育。这里的家长主要是指父母，当然也包括其他家庭成员。家庭教育是父母有意识地通过自己的言传身教和家庭生活实践，对子女施以一定教育影响的社会活动。

　　人的一生中必须要接受三种教育，那就是家庭教育，学校教育和社会教育。每个孩子一出生，家庭教育就已经在无形中产生了。家庭教育是伴随其一生的教育，因此有一句话说"父母是孩子最好的老师"。想要培养孩子良好的心理素质和行为习惯，就必须经历这种不间断的教育过程。

　　苏联著名教育学家苏霍姆林斯基曾把孩子比作一块大理石，他说："把这块大理石塑造成一座雕像需要六位雕塑家：一是家庭，二是学校，三是儿童所在的集体，四是儿童本人，五是书籍，六是偶然出现的因素。"从排列顺序上看，家庭被列在首位，可以看出家庭教育在这位教育学家心中占据相当重要的地位。

　　家庭教育是一门艺术，家庭教育的好坏常常影响一个孩子的一生，一个人在未来能否取得大的成就在很大程度上取决于其家庭教育的好坏。纵观古今，一个人的发展受成长环境的影响极大，往往各个领域的优秀人才，十之八九都是受过良好家庭教育的人。

　　同学校教育相比，家庭教育更加具有连续性，对孩子的影响也更大。所以，要想培养出优秀的孩子，家长就必须要有正确的教育观念，合理利用一切教育资源，掌握家庭教育的艺术。

　　为了帮助各位父母解决家庭教育的困惑，我们特地编撰了本套丛书，包括《好性格让孩子受用终生》《正面管教孩子》《孩子为你自己读书》《听孩子说胜过对孩子说》《高情商孩子培养术》《洛克菲勒给孩子的38封信》六册书，分别讲述了作为父母如何培养孩子的独立性格、怎样提高孩子的情商、如何培养孩子的学习精神、怎样尊重孩子、如何教育孩子成才等诸多问题。这些家庭教育艺术的不同侧面，为我们培养孩子健康成长提供了全方位的借鉴和参考。

　　总之，本套书集针对性、指导性和实用性于一体，融汇了教育孩子的不同方法和诸多措施，是进行家庭教育的良好读本，适合不同年龄段孩子的父母学习和珍藏。

目　录

第一封　起点不能决定终点

亲爱的孩子：

你已经长出人生的翅膀，就要开始飞向遥远的方向，你总是期望我一直陪你去远航，你的想法跟我想的一样。但是你要知道啊！我不可能做你永远的船长。我们的双脚之所以长成这样，是因为上帝想要我们靠自己的双脚去飞翔！

你可能还没有做好一个人上路的准备，但是，你必须要知道的是，你崭新旅途的起点，是一个充满了挑战与奇迹的商业世界，那神秘的、关乎你未来人生的华美盛宴，将从这里开始。你所要自己决定的，就是如何摆放好你面前的刀叉，如何享用命运天使为你奉上的这一道道美味佳肴。

当然，我十分希望你能在不远的将来就出类拔萃，并远远胜过我。而为了能给你创造一个职业生涯的人生高起点，让你无须艰难攀爬便可飞黄腾达，我决定将你留在了我的身边。

但你无须感激我，也不必觉得庆幸，更没有必要炫耀。"人人生而平等"是我们美利坚合众国的建国信念，但这种平等无关经济和文化优势，而是一种权利与法律意义上的平等。打个比方来说吧！我们所处的这个世界，就好比一座大山，当我们父母在山顶上生活时，就决定了你也必须在山顶上生活；而当你的父母生活在山脚下时，就决定了你也不可能生活在山顶上。

父母的生存环境决定孩子的人生起点，在多数情况下是没错的。但这并不等于每个人的起点不同，其终点就会不同。在这个世界上，只有我奋斗——我成功的真理，而永远不会有世代贫穷或富贵的谬论，更不会有世代成功或失败的学说。我们的命运主要由我们的行动决定，而绝非完全取决于我们的出身，这一点我一直坚信不疑。

正如你所知道的，我幼年时的家境十分贫寒，刚上中学时所用的书本还是好心的邻居帮我买的。我的人生开始时也不过是一个小小的簿记员，周薪只有5元钱，但经过艰苦不懈地奋斗，我最终建立了一个让人人羡妒的石油王国。在别人眼里这似乎是个神话，但我却认为这是命运女神对我艰苦付出的奖赏，是我持之以恒、积极奋斗应得的回报啊！

我亲爱的孩子，机会对每个人来说都是不同的，但导致的结果却可能相同。白手起家的事例在历史上比比皆是，无论在政界还是在商界，尤其在商界更是数不胜数，他们都曾因贫穷而缺衣少读，但他们却都因奋斗而功成名就。当然，历史也记载了很多富家子弟坐拥财富，却一败涂地的事例。麻州的一项统计数字表明，十七个有钱人的孩子里面，竟然没有一个在离开这个世界时还是富翁。

很久以前，社会上曾流传着一则讽刺富家子弟无能的故事：

在费城的一个小酒吧里，当一位客人用钦佩的口气谈起某位白手起家的百万富翁时，旁边一位知情的先生回答说："他可真了不起啊！用继承的两千万换来了一百万。"

这个故事多让人痛心啊！但不可否认，在今天这个社会，那些富家子弟中的很多人注定要受人同情和怜悯，甚至堕入地狱，因为他们正处在一种不进则退的窘境之中。

家族的荣耀与成功，并不能保证其子孙后代的将来就一定美好。我承认早期的优势的确会给他们带来很大的帮助，但却不能保证最后会赢得胜利。这个对富家子弟而言带有悲哀性的问题，我曾不止一次地思考过：我觉得，富家子弟开始时是占据了优势，却很少有意识地去学习和发展生存所需要的技巧；而出身低贱的人因解救自身的迫切需要，能够积极发挥自己的创造力，并且比较能珍惜和抓住各种机会。我还发现，富家子弟缺乏贫贱之人那种迫切需要拯救自己的上进心，所以他们的未来也只能祈求上帝赐予了。

在你和你的姐姐们很小的时候，我就尽量向你们灌输诸如节俭、个人奋斗等价值观念，有意识地不让你们知道你们的父亲是个富人。因为我知道，想要伤害一个人最快捷的途径就是给他钱，钱可以让人纸醉金迷、意气骄横、狂妄自大，失去最纯真的快乐。我当然不能愚蠢到用财富埋葬自己心爱孩子的地步，更不能让你们成为不思进取、只会依赖父母成果的无能之辈。

能够享受自己创造成果的人，才是真正快乐的人；而那些像海绵一样，只会索取的人，最终必将失去自己的快乐。

世人没有人不渴望能过上快乐、高贵的生活，但真正明白高贵快乐的生活从何而来的人却不多。在我看来，高贵快乐的生活，是来自高贵之品格——自立精神，而不是来自高贵的血统，更不是来自高贵的生活方式。看看那些赢得世人尊重、处处展现魅力的高贵的人，我们就可以知道自立是多么可贵啊！

约翰，我的孩子！你的一举一动都牵动着我的心啊！但这种挂念并不是担忧，因为我更对你充满信心，相信你那比世界上任何财富都更宝贵的优异品格，会帮助你铺设出一条康庄大道，并将帮助你拥有成功而又充实的人生。

但你头脑里必须要有这样一个坚强的信念：起点可能会影响最终的结果，但不会决定结果。在人生和商业世界里，能力、态度、性格、追求、手段、经验以及运气等等，都扮演着极为重要的角色。

一场人生之战就在你的面前，虽然你的人生才刚刚开始。我能深切地感觉到你想成为这场战争的胜利者，但你要知道，即使每个人都有追求胜利的权利，也只有那些有决心有准备的人才会赢得最后胜利。

我的孩子，你一定要记住，享有特权而没有力量的人是废物，接受过教育却无声无息的人还不如一堆垃圾。

寻找属于自己的路吧！上帝会帮助你的！我以一颗博大的父爱之心深深地祝福你，祸你前途无限光明，祸你永远造创成功！

爱你的父亲

1897年7月20日

第二封　策划带来好运气

亲爱的孩子：

你常常向我，为什么有的人凭着与众不同的才能，注定会成为令世人瞩目的王者或伟人，就像老麦考密克先生，他的脑袋好像懂得如何制造运气，知道怎样将收割机变成收割钞票的镰刀。

是啊！这到底为什么呢？在我看来，老麦考密克永远是位富有雄心壮志且具商业才能的实业巨子，他在用收割机解放美国农民的同时，自己也成为全美最富有的人之一。相对而言，法国人似乎更喜欢他，盛赞他为"对世界最有贡献的人"。哦，这对他可算是一个意外的收获。

"运气是设计的残余物质"，这一句深奥的名言，就出自这位原本只能做个普通农具商的商界奇才。

这话听起来颇让人费解，它到底是指运气是策划的结果？还是指运气是策划以外的东西呢？以往的经验告诉我，这两种意义都存在。换句话说，运气是由我们自己创造的，是策划过程中难以摆脱的福音，任何行动都不可能把运气完全消除。

所以，对麦考密克收割机能行销全球、长盛不衰，我丝毫不觉得奇怪：因为他掌握了运气的真谛，知道怎样打开运气的大门。

当然，像老麦考密克先生那样善于把握运气的人，在我们这个世界上是极少数的，更多的是相信运气的人和误解运气的人。

在凡夫俗子看来，运气永远是天赐之福。他们往往会用很随便、甚至很轻蔑的态度，对待那些在岗位上得到升迁、在商海中顺风顺水，或在某一领域取得成功的人，常常醋意十足又半带嘲讽地说："不过是运气好些罢了！"

你要知道，每个人都是他自己命运的设计师和建筑师。但这样一个能让自己赖以成功的简单道理，并不是那俗人们所能看清的。

孩子，你需要勤于思考、小心谨慎，既要看到一切事物中可能存在的机遇和危险，同时又要像一个棋手那样研究所有可能影响你霸主地位的各种挑战，这样才能在获取利益的猎场上成为一名好猎手。

我承认，人不能没有运气，就像人不能没有金钱一样。但是，要想有所作为就不能等待好运光顾。天赐的运气并不可靠，只有能策划运气才可真正发达，这就是我的人生信条。我相信，好的计划会左右运气，在某些情况下，甚至能成功地影响运气。比如，我在石油界实施的改竞争为合作的措施就验证了这一点。

在那项计划开始前，绝大多数炼油商做的都是亏本生意，他们利欲熏心，各自为战，一个一个都濒临破产的边缘。这是毁灭性竞争导致的恶果。对于消费者来说，这当然是个福音，但油价下跌对炼油商却是灭顶之灾。

我清楚地意识到，只有驯服这个行业，让大家理性行事，才能重新有利可图，并将钱永远地赚下去。那么只有将所有炼油业务都置于我麾下，由我来统一管理，我把这种想法看成一种责任，虽然当时很难做到。但我朝这个目标奋斗了。

我将大本营科利佛兰作为第一战场，发动了统治石油工业的战争，待征服那里的二十几家竞争对手之后，再迅速行动，开辟第二战场，直至将那些对手全部征服，建立石油业的新秩序，这是我彻底研究了整个形势，并评估了自己力量后做出的重大决定。

选择什么样的火器攻击什么样的目标最能奏效，是战场上的指挥官必须首先知道的。要想成功实现将石油业统一到我麾下的计划，金钱是彻底解决这个问题的最终手段。当时，买下那些生产过剩的炼油厂需要大量的金钱才能办到。但我手头上的那点资金不足以实现我的计划，所以，把行业外的投资者拉进来，组建股份公司势在必行。很快，标准石油公司以百万资产在俄亥俄注册成立了，第二年资本就大幅扩张了三倍半。

富有远见的商人总善于从每次灾难中寻找机会，何时动手就是门深奥的学问了。在我们开始征服之旅前，石油业一片混乱，希望一天天在消逝，百分之九十的科利佛兰炼油商已经快被日益剧烈的竞争压垮。如果不把厂子卖掉，他们就只能眼睁睁地看着自己走向灭亡，这就是我收购对手的最好时机了。

商场如战场，战略目标的意义就是要营造对自己最有利的态势。虽然在此时采取收购行动，似乎不太道德，但这的确与良知无关。出于战略目的，那些不堪一击的小公司不在我的考虑之列，我选择的第一个征服目标是最强劲的对手，那就明星炼油厂的克拉克·佩恩公司，这个公司在科利佛兰很有名望，且野心勃勃，原来曾想吞并我的明星炼油厂，我现在必须吞并它了。

先下手为强，在对手决定之前，我主动约见了克拉克·佩恩公司最大的股东，我中学时代的老朋友，奥利弗·佩恩先生。我告诉他，为了保护炼油这个无数家庭赖以生存的行业，必须建立一个庞大高效的石油公司以结束石油业的混乱、低迷状况，并欢迎他入伙。

我的计划打动了佩恩，最后他们同意以40万元的价格出售公司。尽管克拉克·佩恩公司根本不值这个价钱，但吃掉克拉克·佩恩公司意味着我将取得世界最大炼油商的地位，可以迅速把科利佛兰的炼油商整合在一起，因此我没有拒绝他们。

这一招十分奏效。最终，我成了那场收购战的最大赢家，在以后不到两个月的时间里，连续有二十二家竞争对手归于标准石油公司的魔下。凭借这股势不可挡的动力，在以后的三年时间里，我先后征服了费城、匹兹堡、巴尔的摩的炼油商，成了全美炼油业的唯一主人。

现在想起来，我真够走运的，是策划带给了我好运。如果我当时只顾感叹自己时运不济，随波逐流，我或许早已被命运之河吞噬了。

世界上什么事都可以发生，但不劳而获是绝不会发生的。那些随波逐流、墨守成规的人，他们的大脑被错误的思想所盘踞，为了能全身而退便沾沾自喜，对他们我是不屑一顾的。

孩子，运气只有精心策划，才能带给我们好运连连。而策划运气，需要好的计划，好的计划首先是好的设计，好的设计一定能够发挥作用。在构思好的设计时，你首先要考虑两个最基本的先决条件：

第一，知道自己的目标，譬如你要做什么，甚至你要成为什么样的人。

第二，知道自己拥有什么资源，譬如能力、地位、金钱、人际关系等。

当然，你也可能先有一个构想、一个目标，然后才开始寻找适于这些资源的目标。还可以把它们混合一处，形成第三、第四种方法：例如你已经拥有某种目标和某种资源，为了实现目标，你必须选择性地创造一些资源；或者先拥有一些资源和某个目标，再根据这些资源，提高或降低目标。因此，这两个基本条件的顺序并不是一成不变的。

　　根据目标调整资源或根据资源调整目标之后，你就有了一个成功的基础。你可以据此构思设计，剩下的东西就是用策略与时间去填充，以及等待运气的降临了。

　　我的儿子，你需要记住，策划运气，就是策划人生。所以你在等待运气的时候，要学会去引导运气。努力吧！运气就是伴随你人生前进的呼呼风声，你路得越快，风声越大，风力就越大。在此祝你一路顺风。

爱你的父亲
1900年1月20日

第三封　赋予工作的意义

亲爱的孩子：

我最近读了一则很有意味，也让我感触良多的寓言，那就让我讲给你听吧：

在古老的欧洲，有一个人死后，发现自己来到了一个能够享受一切的美妙地方。他刚踏进那片乐土，就有个看似侍者模样的人走过来问他："先生，您有什么需要吗？这里有您需要的一切东西：所有美味佳肴，所有可能的娱乐以及各式各样的消遣，其中不乏妙龄美女，您都可以尽情享用。"

这人听了以后，又惊又喜，这正是他在人世间的一切梦想啊！一连几天，他都沉浸在美酒佳肴与美女的怀抱中。终于有一天，他对这一切感到索然无味了，于是他就对侍者说："我对这一切感到很厌烦，我想要做一些事情，请你帮我找一份工作吧？"

侍者摇摇头："很抱歉，先生，我们这里唯一不能为您做的，就是提供工作。这里没有任何工作可以给您。"

听了侍者的回答，这人十分沮丧，挥动着手愤怒地说："这真是太糟糕了！那我还不如去地狱好呢！"

"您以为，您这是在哪里啊？"那位侍者温和地说。

孩子，失去工作就等于失去快乐。这就是这则极富幽默感的寓言想要告诉我们的东西。但是令人遗憾的是，很多人体会到这一点，却是在失业之后，真是不幸啊！

我可以很自豪地说，我从未尝过失业的滋味，这并不是我运气好，而是我的心态决定了我的命运。我从不把工作视为毫无乐趣的苦役，相反，我能从工作中找到无限的乐趣。

我认为，工作是一项特权，它能给我们带来比维持生活更多的东西。它是所有繁荣的来源，生意的基础，也是天才的塑造者。

工作使年轻人奋发图强，比他的父母做得更多，不管他们多么有钱。工作以最卑微的储蓄表示出来，并且奠定幸福的基础。工作是增添生命味道的食盐。但人们必须先爱工作，工作才能给予人们最大的恩惠和最高的奖赏。

我刚进商界时，常听人说，一个人想爬到高峰需要付出很多。然而，随着岁月流逝，我开始了解到很多正爬向高峰的人，并不是在"付出代价"。他们努力工作是因为他们真正地热爱工作。任何行业中往上爬的人都是完全投入正在做的事情中，并且专心致志。衷心热爱自己的工作，自然就会成功的。

怀着热爱工作的这个信念，即使是一座绝望的大山，我们也能把它凿成希望的磐石。一位伟大的画家说得好，"痛苦终将过去，美丽将会永存"。

但是有些人，虽然野心勃勃，却显然不够聪明，他们对工作总是过分挑剔，力图寻找"完美的"雇主或工作。事实上，雇主是在经营生意，而不是在做慈善事业，他需要的是那些更有价值的人，需要准时工作、诚实而努力的雇员，他只将加薪与升迁机会留给那些特别努力、特别忠心、特别热心、肯花更多时间做事的雇员。

一个人的野心不管有多么大，要到达高峰，他至少要先起步。一旦起步，继续前进就没什么困难了。工作越是有难度或不愉快，越要立刻去做。如果他等的时间越久，就变得越有难度和可怕。这就跟射击一样，你瞄准的时间越长，射准的机会就越渺茫。

我的第一份工作就是簿记员的经历，是我永远也忘不了的。那时，虽然每天天刚蒙蒙亮就得去上班，办公室里点着的鲸油灯也又昏又暗，但那份工作从未让我觉得枯燥乏味，反倒令我着迷和喜悦，即使是那些办公室里的繁文缛节都不能让我对它失去热心——回报这种态度的结果是我的薪水不断得到增加。

收入只是你工作的副产品，而更为重要的是，我们劳苦的最高报酬，不在于我们所获得的，而在于我们会因此成为什么，特别是做好你该做的事，出色完成你该完成的工作，那么理想的薪金就必然会来。那些头脑活跃的人能够持续地保持高昂的工作热情，决不仅仅是为了赚钱，他们有着比只知敛财的欲望更为高尚的目的，那就是他们认为自己是在从事一项迷人的事业。

老实说，从小我就有成为巨富的野心。雇佣我的休伊特-塔特尔公司，对我来说，是一个培养我的能力、让我能一展身手的好地方。它代理多种商品的销售，并拥有一座铁矿，还经营着两项给美国经济带来革命性变化的铁路与电报技术。它把我带进了妙趣横生、广阔绚烂的商业世界。在那里，我学会了尊重数字与事实，我看到了运输业的威力，更具备了作为商人应有的能力与素养。所有的这些都在我以后的经商中发挥了极大作用。可以说，如果没有在休伊特-塔特尔公司的历练，在事业上我或许要多走不少弯路。

那段工作是我一生奋斗的开端，为我的人生打下了基础，对那三年半的经历我永远感激不尽。直到现在，每当我想起当年在休伊特-塔特尔公司的老雇主休伊特和塔特尔两位先生时，内心还不断涌起感恩之情。

我从未像有些人那样抱怨过雇主说："我们只不过是被雇主压在尘土中的奴隶，他们高高在上，在美丽的别墅里享乐。他们的保险柜里装满了黄金，他们所拥有的每一块钱，都是靠压榨我们这些诚实的工人才能得来。"

我不知道这些抱怨的人可否想过：你们就业的机会从哪里来的呢？你们组建家庭的可能从哪里来的呢？你们施展自己才华的可能从哪里来的呢？既然你们已经意识到了雇主对你们的压榨，那你们为什么不一走了之，结束这种压榨呢？

工作是一种态度，我们快乐与否全靠它决定。如果你问一群同样都在雕塑石像的石匠："你在这儿做什么？"他们中的一个人可能会说："你看到了嘛，我正在凿石头，凿完这块我就可以回家了。"这种人嘴里最常吐出的一个字就是"累"，他们永远视工作为惩罚。

另一个人可能会说："你看到了嘛，我正在做雕像。这份工作虽然很辛苦，但酬劳很高。毕竟我得保证太太和四个孩子的温饱。"这种人嘴里经常吐出来的一句话就是"养家糊口"，他们永远视工作为负担。

而第三个人可能会放下锤子，骄傲地指着石雕说："你看到了嘛，我正在做一件艺术品。"这种人嘴里最常吐出的一句话是："这个工作很有意义"，他们永远以工作为荣，以工作为乐。

身处天堂或地狱全由自己的心态决定。不论工作大小，只要你赋予工作意义，你就会感到快乐，自我设定的成绩不论高低，都会使人对工作产生乐趣；而如果你不喜欢做的话，即使最简单的事都会变得困难、无趣，当你叫喊着这个工作很累人时，即使你坐在那里，你也会感到精疲力竭，反之则大不相同。事情就是这样。

孩子，如果你视工作为一种乐趣，人生就是天堂；如果你视工作为一种义务，人生无异于地狱。反思一下自己的工作态度，就会让你感觉愉快，感觉到工作的意义，那么就有了无形的工作动力和潜力，并积极愉快。

爱你的父亲

1897年11月9日

第四封　现在就行动

亲爱的孩子：

我觉得聪明人说的话总让人记忆深刻。我就常常记得有位哲人说："教育涵盖了许多方面，但是他本身不教你任何一面。"我从自己的实践中懂得了，这位哲人想告诉我们的是一条做人的真理，即哪怕是世界上最实用、最美丽、最可行的哲学，如果你不采取行动，也无法行得通。

我一直相信，机会是靠机会得来的。再完美的构想都会存在瑕疵，但如果能确实执行并且继续发展，即使是很普通的计划，都会比半途而废的好计划要好得多，因为前者能贯彻始终，后者却前功尽弃。所以我认为，成功没有秘诀，只要肯积极行动，你就会在人生中取得正面结果。当然，如果有过人的聪明智慧、特别的才艺是最好了，但没有也不必垂头丧气。

遗憾的是，这个最大的教训并没有被那些平庸的人们所记取。从那些庸庸碌碌的普通人身上，你可以发现，他们说的远比做得多，甚至只说不做，永远都是在被动地活着。那些人几乎个个都是找借口的行家，他们通过各种借口来拖延，直到最后他们证明这件事不应该、没有能力去做或已经来不及做了为止。

我似乎要比这类人聪明许多。盖茨先生曾盛赞我是个积极做事、自动自发的行动派。对于这样的美誉，我很乐意接受，因为我担当得起。我向来不喜欢纸上谈兵或空发议论，积极行动才是我身上的最主要标识。因为我知道，没有行动就没有结果，世界上没有哪一件东西是在那里做白日梦能得来的。人只有行动，才能生存。

知识是智慧的基础，智慧是知识的升华。没有智慧的知识是没用的，这一点很多人都承认，但假如空有知识和智慧，却不去行动，不是更令人沮丧吗？行动与充分准备其实可视为一个物体的两个方面。准备太充分而迟迟不去行动，最后只会徒然浪费时间。我们必须承认一个现实：不论计划有多周详，我们都不可能准确预测最后的解决方案。换句话说，做事情必须要有节制，否则我们就会落人不断演练、计划的圈套而不能自拔。

计划是获得有利结果的第一步，谁都不能否认它的重要性。但计划不是行动，也不可能代替行动。就如同打高尔夫球一样，如果没有打出第一杆，又怎么能到达第二杆呢？没有行动，什么都不会发生，因此说行动决定一切。我们谁也不可能买到万无一失的保险，但我们能够做到的是下定决心去实行我们的计划。

维持现状、拒绝改变是所有缺乏行动者都有的一个坏习惯。我认为这是一种深具欺骗和自我毁灭效果的坏习惯，因为一切都在变化之中，正如人会生老病死一样，世上没有一成不变的事物。哪怕现状多么令人不满意，因为内心的恐惧特别是对未知事物的恐惧，很多人拒绝改变，即使是向前跨出微小的一步。看看那些本该前程似锦却一事无成的人，你就知道他们是多么值得同情了。

没错，在决定一件大事时，每个人心里都会有或多或少的担心、恐惧，都会面对到底要不要做的困扰。但"行动派"会用决心点燃自己的斗志。他们有勇气克服种种困难，能想出种种办法来达成自己的心愿。

缺乏行动的人大多都很天真，喜欢什么顺其自然，只会坐等天上掉馅饼。他们天真地认为，别人会关心他们的事。事实上，大多数人是各扫门前雪，人们只对跟自己有关的事情感兴趣。就像一桩生意，我们获利比重越高，采取的行动就越积极，因为成败与别人的关系不大，他们是不会在乎的。所以关键时候决不能懈怠、退缩，最好还是我们自己推它一把，如果我们坐等别人采取主动来推动事情的话，结果只会令人失望。

聪明人只会去促使事情发生。一个人也只有自己依靠自己，才不会让自己失望，才能增加掌控自己命运的机会。

人生中最令人感到挫折的，莫过于想做的事太多，结果不但没有足够的时间去做，反而被纷繁复杂的步骤所吓倒，以至于一事无成。光阴似箭，没有谁能做完所有的事情，这一点我们必须承认。但凡有头脑的人都知道，不是所有的种子都能结出果实，只有明智的行动才能带来真正的收获，所以聪明人只会专心致志地做能获得正面效果的工作，做与完成最大目标有关的工作，并最终做出最有价值的贡献，捞到相应的好处。

一口吃不成胖子，做事也是一样，想一把掬住盛满金子的河流，结果却抓不住一粒金子。"对待紧急事件采取不急不忙的态度"，是我处事的座右铭。

很多人都愿意自动成为一个被动者，他们总想等到所有的条件都十全十美时，也就是时机成熟以后才行动。但机会转瞬即逝，又怎么可能十全十美呢！那些平庸了一辈子的被动者，就是因为总要等到每一件事情都百分之百的有利和万无一失以后才去做，其实这是傻瓜的做法。在必要的时候向生命妥协，相信手上的正是目前需要的机会，才不会将自己也陷入行动前永远痴痴等待的泥沼之中。

追求完美是人类的天性，但是任何事情都没有绝对的完美，只有接近完美。等到所有条件都完美以后才去做，只能永远等下去，并将机会拱手让人。那些要等到所有事情都已经准备妥当才出发的人，将永远也离不开家门。停止一切白日梦，把自己变成"我现在就去做"的那种人，时时想到现在，从现在就开始做。要知道，像"明天""下礼拜"和"将来"之类的句子，跟"永远不可能做到"就是同义词啊！

每个人都有失去自信并怀疑自己的经历，特别是在逆境之中。但能够用坚强的毅力克服它，告诉自己每个人都有失败的经历，有失败得很惨的时候，告诉自己不论事前做了多少准备和思考多久，真正着手做的时候，都难免会犯错误的，这就是那些真正懂得行动艺术的人。可惜的是，那些被动者却从不把失败视为学习和成长的机会，而是一味告诫自己：或许我真的太没用了，以致失去了积极参与未来的行动。

很多人都相信心想事成，但我却觉得那不过是自欺欺人的谎言。好主意人人都有，最初的创意只是一连串行动的开始，你必须要做好第二阶段的准备、计划和第三阶段的行动。有想法、有创意的头脑在我们这个世界上从来就不缺少，但真正懂得成功地将一个好创意付诸实践的人却很少。

你到底凭什么来判断你真正的能力呢？不是你脑子里装了多少东西，而是你的行动。人们都更容易信任踏实肯干的人，因为他们觉得，只有那些敢说敢做的人，才知道怎样做到最好。我还没有听过有人不采取行动而要等别人下令才做事成功的。那些站在场外袖手旁观的人永远成不了领军人物，只有能干又肯干并百分之百主动的人，才能成为工商界、政府和军队的佼佼者。

不论是自动自发者还是被动的人，都是习惯使然。习惯就好比我们每天纺织的一根绳索，慢慢会变得粗大而无法折断。好的习惯可以带领我们到高峰，坏的习惯却可能把我们引领到低谷。坏的习惯很容易养成，但却很难伺候；好的习惯很难养成，但很容易维持下去。

要养成现在就行动的习惯，最重要的是培养积极主动的精神，戒除懒惰散漫的习惯。世上永远没有绝对完美的事，如果你要决心做个主动的人，就要勇于做事，不要等到万事俱备以后才去做。要养成行动的习惯，只需要努力耕耘，让好习惯在生活中开花结果即可，并不需要特殊的聪明智慧或专门技巧。

孩子，人生好比战场，要想取得胜利，你就得一往无前并努力前行！这样，你的生命才能永远延续下去。

圣诞快乐！我把这封信，当作送给你的圣诞礼物吧！愿你有一个崭新的开始，那就是行动、行动、再行动！

爱你的父亲

1897年12月24日

第五封　勇敢地面对竞争

亲爱的孩子：

父亲今天给你写信，是想告诉你一个不幸的消息：本森先生已于昨晚去世了，对此我感到非常难过。也许你会感到很奇怪，我怎么会感到难过呢？难道不是一件值得庆幸的事情吗？

的确，本森先生作为我过去的劲敌，也是少有的受我尊重的对手之一，他那卓尔不群的才干和顽强的意志以及优雅的气质都给我留下了深刻的印象。

直到现在，我还记得他跟我开的一个玩笑，那是在我们结盟之后不久，他说："洛克菲勒先生，您是一个强硬而又完美的掠夺者，与您这种按规矩出牌的人交手，不管输赢，都会让人感到快乐；但输给那些坏蛋，会让我非常难过，因为那就像遇到了抢劫。"

"如果你能把'掠夺者'换成'征服者'，我想我会愿意接受的，本森先生。"我当时对他说。那时，我搞不清楚本森是在恭维我还是在嘲讽我，结果他笑了。

我非常敬佩像本森先生那样大敌当前却依然英勇奋战的勇士。本森在与我为敌前，我刚刚击败了宾州铁路公司，它是全美最大的铁路公司，并成功制服了最后一家铁路公司，那就是巴尔的摩-俄亥俄铁路公司，那是全美第四家大型铁路公司。就这样，连同纽约中央铁路公司和我最忠实的盟友，即伊利铁路公司，全美四大铁路公司全部成了我手中驯服的工具。

同时，随着标准石油公司的输油管道逐步延伸到油田，连接油井和铁路干线所有主要输油线的绝对控制权也掌握到了我手中。

坦率地告诉你，那时我的势力已经延伸到采油、炼油、运输、市场等石油行业的各个角落，用一个不太谦逊的说法，那就是我手中握有采油商、炼油商的生杀大权，我可以让他们腰缠万贯，也可以让他们一文不名。尽管如此，但还是有人敢于无视我的权威，那就是本森先生。

作为一个有着雄心壮志的商人，本森先生想铺设一条从布拉德福德油田到威廉斯波特的输油管道，以拯救那些独立的石油生产商们，因为他们害怕被我击垮，所以急于摆脱我的控制。当然，支配着本森先生勇闯我领地的原因，更多的是他想从中大捞一把的念头。

这条连接宾州东北部与西部的输油管线，从一开始就飞速向前铺进。这于是引起了我极大关注。孩子，你想，任何竞争都不是一场轻松的游戏，它是活力十足、需要密切注意并不断做出决定的游戏，要不然，稍不留神输的就是你了。

我必须让本森先生住手，因为他在制造麻烦。刚开始时，我与本森的较量明显不够高明：我以高价买下一块沿宾州州界由北向南的狭长土地，企图阻止本森前进的步伐。但本森采取绕行的办法，化解了我打出的重拳。结果是那里的农民一夜暴富，而我却成了碌碌无为的地主。接着我借助盟友的力量，要求铁路公司拒绝任何输油管道跨越他们的铁路。而本森借我的方法，再次成功突围。后来我想借助政府的力量来阻击本森，但没有成功，最后只能看着本森成为英雄了。

我想，我遇到了平生难遇的劲敌，但他无法撼动我竞争的信心。我最大的威胁就是那条长达110英里的管道，如果任凭原油从那里毫无阻挡地流到纽约，本森他们就会取代我，从而成为纽约炼油业的新主人，那样我将会失去对布拉德福德油田的控制。这是我绝对不能容忍的。

当然，我并不想赶尽杀绝和困死他们。我要用不太高的价格，得到我想要的东西，才是我最终的目标。我对石油的绝对控制权，就像我的生命。我绝不能让本森他们胡来，破坏我费尽心像才建立起来的市场秩序。所以，当那条石油管道的即将开始涌动的时候，我向本森提议，我想买他们的股票。但不幸的是，他们却拒绝了。

我们公司很多人都被激怒了。主管管道运输业务的奥戴先生主张用武力摧毁它，以惩罚那些不知好歹的家伙。我厌恶这种邪恶而卑鄙的想法，只有无能的人才会干这类令人不齿的勾当。我告诉奥戴：马上丢掉那个愚蠢的想法！我从来没有想到会输，但即使输了，也要输得光明磊落。

如果一个人在暗地里搞鬼而没有被人抓到，他似乎获得了竞争优势。但是，这种邪恶和不道德的行为却会带来危险的后果，它会让人丧失尊严，甚至陷入囹圄。任何欺骗和不道德的行为都无法持久，更不能成为可靠的企业策略，因为那会破坏大局，使未来变得更加困难，甚至丧失所有漂亮机会。

我总是认为，规矩可以创造关系，关系会带来长久的业务，好的交易会创造更多交易，所以我们一定要讲究规矩，否则，我们将提前结束自己的好运。

就我的本性而言，我喜欢接受挑战，喜欢摧毁竞争者。但我要赢得漂亮而体面，而不需要不光明的胜利。

在本森洋洋得意并享受成功快感的时候，我发动了一系列令他难以招架的攻势。我派人给储油罐生产商送去大批订单，他们要保证生产并按时交货。储油罐生产商接了我的订单，自然无暇顾及其他客户，这也包括本森。

没有储油罐，采油商开采的原油只能在荒野上倾泻，那样，本森先生接受的就不是待运的石油，而是大声地抱怨了。与此同时，我通过大幅降低管道运输的价格，把大批靠本森运送原油的炼油商被我们吸引了过来，变为了我们的客户，而在此前，我已迅速收购了在纽约的几家炼油厂，以阻止成为本森一伙的客户。

一个优秀的指挥官，只需要全力摧毁那个足以攻陷全城的碉堡，而不必攻打与他无关的碉堡。我的制胜之道，就在于每一轮攻击都打在了使本森先生无油可运的致命之处。本森先生不得不投降了，而那条被称为全美最长的输油管道建成不到一年，他便主动提出与我讲和了。他们很清楚，虽然他们的本意不是这样，但如果继续对抗下去，他们只会输得更惨。

孩子，你要明白一个道理："后退就会投降！后退就将沦为奴隶！"每一场至关重要的竞争都决定着我们的命运。战争既然不可避免，那就让它来吧！在这个世界上，竞争一刻不停止，我们就一刻也不能休息。带上钢铁般的意志，走向纷至沓来的各种挑战和竞争，只要情绪高昂便能乐在其中，这就是我们所能做的一切，否则，后果就堪忧了。

　　保持你的警觉，就是在竞争中获胜的一个较为关键的手段。竞争的开始，就是对手不断想削弱你的时候。这时候你能做的，就是动用所有的资源和技巧，去赢得胜利。你需要知道自己拥有什么，也需要知道友善与温情可能会害了你。

　　当然，你要想在竞争中获胜，除了有勇气，实力也是赢得胜利的一个重要方面。拐杖不能取代强健有力的双脚，我们要靠自己的双脚站起来。如果你的双脚不够强壮，不能支持你，你就应该努力去磨练、强化并发展双脚，让它们发挥力量，而不是放弃和认输。

　　我想，身处天堂的本森先生也一定会赞成我的观点的，因为我们有许多相同的体会感受。我把这些体会告诉你，就是想告诉你，要敢于竞争，赢得竞争。

爱你的父亲
1901年2月19日

第六封 敢于借贷壮大事业

亲爱的孩子:

你前次来信说,你用借我的钱去股市闯荡,总感觉心里不安,这点我完全能够理解你的心情。因为你想赢,却又怕在那个冒险的世界里输,而输掉的是借来的,还得支付利息的钱。

当创业之初,直到小有成就之后,这种输不起的感受,都似乎一直在控制着我。每次借款前,我的内心都会在谨慎与冒险之间苦苦徘徊与挣扎,甚至整夜整夜地睡不着觉,一躺在床上就开始算计如何偿还欠款。

人们常说,冒险的人经常失败,其实傻瓜才常常是这样。恐惧和失败过后,我总能强打精神,决定去再次借钱。为了进步,我已经无路可走,所以,我只能去银行贷款。

儿子,巧妙化解棘手问题的大好良机,其实经常呈现在我们眼前。借钱不是件坏事,只要你不把它看成在危机时候使用的救生圈,它是不会让你破产的。如果你把它看成一种有力的工具,你就可以用它来开创机会。否则,你就会让恐惧束缚你本可大展宏图的双臂,掉入害怕失败的泥潭,而最终一事无成。

我所熟知和认识的富翁中,多数的人都是借鸡生蛋的,靠自己一点一滴和日积月累挣钱发达的人少之又少。这其中的道理很浅显,一百块钱的买卖总会比一块钱的买卖要赚得多。

不论是要赢得财富,还是要赢得人生,优秀的人在竞技中想的是胜利了我应该做什么，而不是输了我会怎么样。

借钱是为了创造好运。如果抵押一块土地就能借到让我得以独占一块更大地方的充足现金，那么，我会毫不迟疑地抓住这个机会。在科利佛兰时，为夺得科利佛兰炼油界头把交椅地位以扩张实力，我曾多次欠下巨债，以至不惜把我的企业抵押给银行，结果我成功了，并创造了令人震惊的成就。

儿子，为了前途我们可以抵押青春，为了幸福我们同样可以抵押生命，人生就是不断抵押的过程。如果你不敢逼近底线，你就输了。为了成功，我们抵押冒险难道不值得吗？

说到抵押，我想让你知道，在我从银行家手里接过巨款时，我抵押出去的不仅仅是我的企业，伴随的还有我的诚实。既然签了合同、契约，就应该视其为神圣的东西，就应该严格遵守合同，不能拖欠债务。对投资者、银行家和客户，乃至我的竞争对手，我总是以诚相待，同他们讨论问题时我从不捏造或含糊其辞，坚持讲真话，我坚信谎言总会暴露在阳光之下。

付出诚实的回报是巨大的，在我没有走出科利佛兰前，一次次把我从难以摆脱的危机中拯救出来的，是那些了解我品行的银行家们。

我清楚地记得，有一天，我的一个炼油厂突然失火，损失非常惨重。那时我急需一笔钱重建瓦砾中的企业，而保险公司却迟迟不能赔付保险金，我只得向银行追加贷款。现在想起那天银行贷款的情景来，还让我激动不已。在那些缺乏远见的银行家看来，炼油业早已是高风险行业，向这个行业提供资金不亚于是在赌博，再加上我的炼油厂刚刚被大火烧得一干二净，对于我要求追加贷款，有些银行董事犹豫不决，不肯立即放贷。

就在这时，斯蒂尔曼先生是他们中一个最善良的人，让一名职员提来他自己的保险箱，向着其他几位董事大手一挥说："听我说，先生们，洛克菲勒先生和他的合伙人想借更多的钱，我恳请各位毫不犹豫地借给他们，因为他们都是非常优秀的年轻人。如果你们希望更保险一些，这就是，想拿多少就拿多少！"原来是我的诚实征服了这位银行家。

孩子，诚实是一种方法，是一种策略。我所以能赢得银行家以及更多人的信任，就是因为我支付了诚实，也因为它，我度过了一道道难关，最终踏上了成功的快车道。

现在，我就是我自己的银行，虽然已经不需要再去求助任何一家银行，但对那些曾鼎力帮助过我的银行家们，我还是一直都心存感激的。

在不久的未来，你可能会管理我们的企业，因此你必须要知道，经营企业的目的就是要赚钱。扩大企业固然可以赚钱，但是把企业拿出去抵押也是管理和运用金钱的一个重要方面。若你只注重一种功能，而忽视另一种功能，就会招致失败。错失机会还算好一点的情况，在最糟糕的情形下，甚至会造成财务崩溃。

管理和运用金钱，跟决心赚钱是两码事，需要有不同的信念。管理和运用金钱，不能只是空谈管理和策略，你必须亲自动手，亲自管理数字。上帝隐藏在细节之中，如果你忽视细节，或是超脱细节，把这种"杂事"交给别人去做，那么，事业经营中最少一半的重要责任被你忽视了。细节永远不应该妨碍热情，记住战术、战略这两点，才是成功的做法。

　　孩子，你正朝着你既定的目标前进，这点我感到非常欣慰，但要赢得一场伟大人生的胜利，你必须勇敢，再勇敢。勇敢地行动，勇敢地面对你的金钱管理和运用。因为你做生意的直接目的就是为了赚钱，因此，你就必须锁定这个目标，灵活地通向这个目标。

爱你的父亲

1899年4月18日

第七封 别让精神"破产"

亲爱的孩子：

你来信说最近的情绪有些低落了，这真让我感到很难过，也为你感到很操心。我能真切地感受到，你还在为那笔让你赔进一百万的投资感到耻辱和羞愧。其实，这没什么大不了的，一次失败说明不了什么，更不会在你的脑门贴上无能者的标签，没有必要那么终日闷闷不乐和忧心忡忡。

我的孩子，你快乐起来吧！你需要知道，这个世界上每个人的人生都不会一帆风顺；相反，失败却会时时伴随我们。也许正因为这个世界上有太多太多无奈的失败，追求卓越才变得魅力十足，让人不惜以生命为代价竞相追逐。即便如此，失败了还是要重新开始。

我的命运也是这样，只是和有些人略不一样罢了，我是把失败当作一杯烈酒，咽下它的是苦涩，吐出来的却是一种百折不挠的精神。

在我信心满怀地跨入商界，并跪下来祈求上帝保佑我们新开办的公司之时，一场突发性的灾难却袭击了我们。当时，我们签订了购进一大批豆子的合同，准备大捞一把，但没有想到我们的美梦被一场突然"来访"的霜冻击碎了，这场霜冻使我们到手的豆子毁了一半，不仅如此，我们还发现缺德的供货商在豆子里面掺加了沙土和细小的豆叶、豆秸。面对这一笔注定要砸锅的生意，我知道我不能沮丧，更不能沉浸在失败之中，否则，我就再也无法抓住我的目标和梦想了。

天下没有免费的午餐，逆水行舟，不进则退。在那种情况下，想要维持现状，就必须勇敢地做出决定，哪怕是冒险。那笔生意失败之后，尽管很不情愿，我还是再次向我的父亲借债。为使自己在经营上胜人一筹，我告诉我的合伙人克拉克先生，要想让我们的潜在客户知道，我们不但能提供大笔的预付款，还能提前供应大量的农产品，就必须通过报纸广告宣传自己。

结果，那一年我们不但没有受到"豆子事件"的影响，反而赚到了一笔可观的纯利，这其实是胆识加勤奋拯救了我们啊！

人人都厌恶失败，但是，如果你把避免失败当成你做事的动机，你就会走上懈怠无力之路。这是一种非常可怕的灾难，它预示着你可能要丧失捕捉机会的能力。

孩子，人们因机会而发迹和富有，但机会却是如此的稀少，看看那些穷人你就知道，他们并不是愚蠢和无能，也不是懒惰和消极，他们只是苦于没有机会。

你需要知道，我们生活在弱肉强食的世界里，在这里你不是吃人就是被别人吃掉，逃避风险几乎就意味着破产。你利用了机会，就相应地剥夺了别人的机会，就等于保证了自己。

害怕失败就不敢冒险，不敢冒险就会与机会擦肩而过。所以，我的孩子，应付失败与挫折是值得的！因为我们避免了机会的丧失，并保住了竞争的资格。

失败是成功之母。我能有今天的成就，可以说是踩着失败的螺旋阶梯升上来的，是在失败中一步一步崛起的。我是一个聪明的"失败者"，我懂得在失败中学习，从失败的教训中汲取成功的经验，用自己不曾想到的手段，去开创新事业。所以我想说，只要不变成习惯，失败也不是件坏事。

不论遭遇怎样的失败与挫折，人始终要保持活力，永远保持坚强和坚毅，这就是我的座右铭，也是我唯一能做的事情。我自己能够明白，做什么才会让自己感到快乐，什么东西值得自己为之效命。就像清洁工手中的扫把，它可以扫尽你成功之路上的所有垃圾，这才是我们根本的期望，孩子，你自己根本的期望在哪里呢？只要你不丢掉它，成功必将到来的。

乐观的人在苦难中看到希望，悲观的人则在希望中看到苦难。孩子，记住我深信不疑的一个成功公式：

梦想+失败+挑战=成功

当然，失败会让人萎靡和颓废，甚至丧失斗志和意志力，因此具有很大的杀伤力。重要的是你把失败看作什么。在用电灯照亮摩根先生的办公室前，天才的发明家托马斯·爱迪生先生，共做了一万多次实验，在他那里，失败是成功的试验田。

在十年前，《纽约太阳报》一位少不更事的年轻记者采访了他，"爱迪生先生，您目前的发明曾经失败过一万次，对此您有什么看法？"年轻人问。

爱迪生对"失败"一词很敏感，他以长者的口吻跟那位记者说："年轻人，你才刚刚踏上人生的旅程，所以我告诉你一个启示，对你的未来是很有帮助的：我只是发明了一万种行不通的方法，而没有失败过一万次。"精神的力量竟然是如此巨大啊!

孩子，如果你宣布精神破产，你就会输掉一切。你要知道，人的事业就如同浪潮，如果你能踏浪而行，功名随之而来；否则，你终其一生都将受困于浅滩与悲哀。失败是一种难得的经历，它可以变成你的墓碑，也可以成为你成功路上的踏脚石。

没有挑战就没有成功，人不能因为一次失败就停下自己的脚步。战胜自己，你才能成为最大的胜利者!

孩子，我对你总是充满信心，我相信你一定能够克服困难，树起精神的风帆，在海的波浪上乘风前进。

爱你的父亲

1899年11月19日

第八封　永不放弃

亲爱的孩子：

我今天心情很好，也想与你一起分享，所以就写信给你了。

今天是一个伟大的日子，我怀着特有的感念之情，与合众国的人们一道纪念那颗伟大而又罕有的灵魂，那颗无愧于上帝与人类的总统亚伯拉罕·林肯先生。我这样说，他是受之无愧的。

在我真实的记忆中，没有谁能比林肯更伟大。他用不屈不挠的精神与勇气以及宽厚仁爱之心，谱写了一段成功而又令人动容的合众国历史。他在击碎二千七百万另一肤色的合众国公民灵魂枷锁的同时，使四百万最卑下的黑奴获得了解放，同时结束的还有那因种族仇恨而使灵魂堕落、扭曲和狭隘的罪恶历史。他将所有不同语言、宗教、肤色和种族组合成为一个崭新的国家，避免了国家被分裂的灾难。合众国因他获得了自由，因他而幸运地踏上了正直公平的康庄大道。

林肯是20世纪最伟大的英雄，今天，在他的百年诞辰之际，举国上下追思他为合众国所做的一切，就是一个最好的证明。

但是，除了重现并感激他的光辉伟业外，我们更应汲取并发扬的是他的一生所具有的特殊教益，就是那执着的决心与勇气。效法并让他那从不放弃的精神永远光照美国，才是我们纪念他的最好方式。

在我心中，林肯永远是不怕困难和不屈不挠的代名词。他出生时家中一贫如洗，曾被赶出过家园。他的前两次经商都很失败，以致用去十几年的时间他才还清了债务。

他的从政之路同样坎坷，他第一次竞选州议员就遭失败，并丢掉了工作。幸运的是，他第二次竞选成功了。紧接着是丧失亲人的痛苦和竞选州参议员发言人的失败，但并没有让他丧失信心。在以后竞选中他曾六度失败，但每次失败过后他仍是力争上游，直至当选美国总统。

我们每个人都有历尽沧桑和饱受打击的时候，但能像林肯那样百折不回的人却很少有。每次竞选失败过后，林肯都会激励自己："这不过是摔一跤而已，并不是死掉都爬不起来了。"这些说法给了林肯克服困难的力量，更是他终于享有盛名的利器。

永不放弃，否则你就会被打垮。这是林肯用自己的一生书写的一个伟大真理。

功成名就是奋斗的结果。那些伟大的人物，谁没有受过无情的打击呢？他们每个人都有想宣布投降的时候，但是因为他们坚持到底，最后获得了辉煌的成果。

就像伟大的希腊演说家德莫森，他因为口吃而生性胆小怯懦。他父亲希望他能过上富裕的生活，在死后给他留下了一块土地。按照当时希腊的法律规定，他必须先在公开的辩论中赢得所有权，才可以拥有那块土地。很不幸，因为口吃与害羞，他演讲失败并丧失了那块土地。但他没有被击倒，而是发愤努力力战胜自己，结果创造了人类前所未有的演讲高潮。那位夺得他财产的人已湮没无闻，但几个世纪以来，整个欧洲都记得一个伟大的名字——德莫森。

可悲的是，有太多人高估自己的缺点，而低估了他们所拥有的优点，以至丧失了成为胜利者的机会。

林肯的一生就是化挫折为胜利的伟大见证。从来没有不曾失败的幸运儿，重要的是不要因失败而丧失勇气。如果我们尽了最大努力仍然不达目的，我们所应做的就是汲取教训，力求在接下来的时候表现得更加完美。

说实话，我没有与林肯总统比较的想法，但我也有他的少许精神。我痛恨生意失败并失去金钱，但是最使我担心的，还是害怕在以后的生意中，因太过拘谨而变成懦夫。如果真是那样，那我的损失可就大了。

对一般人而言，成功是容易继续下去的，而失败却很难使他们坚持下去，但在林肯那里却是个例外。他有一句话说得很精辟："你无法在天鹅绒上磨利剃刀。"是的，只有粗糙的石头才能磨利剃刀，只有凭着钢铁般的毅力，利用种种挫折和失败，才能使自己攀登得更高更远。

毅力是世界上的任何东西都难以取代的，才干不可以，教育也不可以。怀才不遇者遍地都是，一事无成的天才也很普遍。世上充满了学无所用的人，只有毅力和决心才无坚不摧。

当我们一步步迈向高峰时，我们必须记住：每一级阶梯不是供我们休息之用，而是让我们有足够的时间踩踏，并借此再踏上更高一层。我们在途中难免疲倦与灰心，但就像一个拳击手所说的，你只要再战一回合就能得胜。

碰到困难时，让我们再战一回合！每一个人的内在都有无限的潜能，我们必须知道它在哪里，并坚持利用它，否则会毫无价值。

伟大的机会就在我们身边，但我们只有努力工作才能把握它。俗语说："打铁趁热。"这话说得不错，毅力与努力都同样重要。每一次说"不"，都会让我们愈来愈接近"是"。"黎明之前总是最黑暗"这句话并非口头禅，只要你努力工作，发挥你的技巧与才能，成功的一天终会到来。

今天，我们在感激和赞美林肯总统的时候，更要用他一生的事迹来激励自己。假使这样做了，我们成功的那天仍未到来，我们依然是个大赢家。因为我们已经有了知识，也懂得面对人生，那就是最大的成功。

爱你的父亲

1909年2月12日

第九封 "我能行""我会赢"

亲爱的孩子：

你前次说得没错，雄才大略是可以创造奇迹。但是，泛泛之辈比比皆是，而创造奇迹的人却寥若晨星，这就是社会的现实。你好像对自己信心不足了，我却对你非常有信心。

是的，人人都想大展宏图。没有人不想获得那些最美好的东西，也没有人喜欢巴结别人、过平庸的日子，更没有人喜欢自己是个二流人物。

你觉得你真的没有雄才大略吗？"坚定不移的信心足可移山"。这最实用的成功智慧早已写在《圣经》之中。但为什么更多的是失败者呢？我想，那是因为真正相信自己的人不多，坚定不移去做的人也不多。

绝大多数的人都认为那是根本不可能做到的，觉得那句圣言是个荒谬的想法。在我看来，这些人犯了个常识性的错误，他们错把信心看作了"希望"，难怪他们不会得救。我们当然无法用"希望"移动一座高山，更无法靠"希望"取得胜利或平步青云，也不可能靠"希望"而拥有财富，并获得地位。

但是，信心的力量却能帮助我们移动一座山岳，换言之，只要相信我们能够成功，我们就能赢得成功。你可能认为我神奇或神秘化了信心的威力，不！信心能够产生相信"我确实能做到"的态度，这种态度能产生创造成功所必备的能力、技巧与精力。当你相信"我能行"时，自然就会找到"如何解决"的方法。成功解决问题时，成功也就随之诞生。这就是信心的力量。

每一个人都"希望"有登上最高阶层的一天，同时享受那相影伴随的成功果实。但是，他们中的绝大多数无法达到顶点，因为他们并不具备所需的信心与决心，他们的作为只能停留在一般人的水准。因为他们相信达不到，也就无法找到登上巅峰的途径。

但是，有少部分人相信总有一天会成功的，那就是抱着"我就要登上顶峰"的心态来进行各项工作，并且凭着坚强的信心而达到成功的人。我自认为我就是其中的一个。

当我还是一个穷小子的时候，我就相信我总有一天会富甲天下。强烈的自信，激励着我想出各种可行的计划、方法、手段和技巧，从而使我一步步攀上了石油王国的顶峰。

说什么"失败是成功之母"，我只认为自信是成功之父。失败是一种习惯，胜利也是一种习惯。如果想成功，就要取得持续性的胜利。我要成为强者，要的是持续性胜利，而不只是一两个胜利。信心就是我成功的原动力。

相信会有不同凡响的结果，是所有伟大的事业、书籍、剧本和科学新知背后的动力。相信成功，也是成功人士所拥有的一项基本而绝对必备素质。但失败者却把这些慷慨地丢掉了。

我曾和很多在生意场中失败过的人谈过话，听过各种失败的理由与借口，他们时常在无意中说："老实说，我并不以为它会行得通。""我在开始进行之前就有不祥的预感。"

"事实上，我早就料到这件事情会失败了。"

抱着"我暂且试试看，但我想还是不会有什么结果"的态度，其结局只能是失败。"不信"会产生消极的力量。当你心中不以为然或产生怀疑时，你就会想出各种理由来支持你的"不信"。失败的主要原因，就是怀疑、不信和潜意识里有要失败的倾向，以及不是很想成功的念头。心中存有疑虑，那当然就会失败。相信会胜利，那就能成功。

成就的大小来自于信心的大小。庸庸碌碌混日子的人，自以为做不了什么事，所以他们能得到的报酬也就很少。他们不相信自己能做出伟大的事情，他们就真的不能。他们所做的每一件事都显得微不足道，是因为他们不觉得自己重要。久而久之，连他们的言行举止也会表现得缺乏自信。他们会在自我评估中萎缩，甚至变得愈来愈渺小，如果他们不能将自信抬高的话。这种人在众人的眼光下会变得更渺小，因为他们怎么看待自己，别人就会怎看待他们。

而那些积极向前，坚信自己有更大价值的人，就能得到很高的回报。他相信自己能处理艰巨任务，就真的能做到。他的待人接物，他的个性、想法和见解，他所做的每一件事情，都显示出他的专业，他是重要的、不可或缺的。

什么是信心呢？信心就是照亮我们的道路，不断给我们勇气，让我们能愉快地正视生活的一种理念。在任何时候，我都不会忘增强自己的自信心。用成功的信念取代失败的念头，这是我一直坚持的。当我面临困境时，首先想到的是"我会赢"，而不是"我可能会输"；当我与人竞争时，首先想到的是"我跟他们一样好"，而不是"我比不上他们"；当机会出现时，首先想到的是"我可以"，而不是"我做不到"。

相信自己，相信自己一定能够成功，是每个人迈向成功的第一个也是不可遗漏的基本步骤。关键是要用"我会成功"的想法支配我们的各种思考过程。成功的信念会激发我们的心智，构想出能获得成功的计划；失败的意念则正好相反，只会让我们去想一些导致失败的念头。

"你比你想象的还要好"，这是我定期要提醒自己的。成功人士并不是超人，获得成功不需要超常的智力，不需要运气，更没有什么神秘之处。他们只是一些相信自己并肯定自己所作所为的平凡人罢了。所以，永远不要且绝对不要廉价地出售自己。

每个人都是他思想的产物，目标小，可预期的成果也就小；目标伟大，所赢得的成功也必然重大。而伟大的创意与计划通常比小型的要来得容易，至少不会更困难。

因为能够踏实而持久地奉行一个自我发展与成长的计划，那些在商业、传教、写作、演戏以及其他行业达到最高峰的人，赢得了一系列的报酬：获得了家人更多的尊敬、获得了朋友与同事的赞美、获得了自信、成了一名重要人物、收入增加和生活水准提高了。

生命的最终目标就是获得成功，它需要我们用积极的思考去呵护。所以，在任何时候都不能偏离我们的信念，那就是相信自己的信念，成功的信念。

爱你的父亲
1903年6月7日

第十封　决不能欺骗自己

亲爱的孩子：

我总是挂念着你的事情，因此在百忙之余我又给你写信了。如果你的心情还没有好转的话，我想，你需要了解点什么。让你懂得许多道理，这是我当父亲的责任啊！

儿子啊！你应该知道，在这个世界上有一种特殊的力量，绝大多数的人都不免要受它的驱使，它可以把紧裹我们人性的外衣轻而易举地剥落，并且将我们完全裸露在阳光下，无论我们多么伶牙俐齿，它都能公正地将我们圈定在纯洁与肮脏的图版上，以至于我们所有的辩护都变得苍白无力，它就是检验我们人性的试金石——利益。

换句话说，利益好比是检验人性的照妖镜，一切与道德和伦理有关的本质都将在它的面前现出原形。这是我的经验之谈，虽然你可能觉得我的话有些绝对。

我不知道人类史学家如何解释人类的高尚与丑恶，但我的人生历程让我坚信：无坚不摧的利益，可以把本可彼此平静度日的人、种族以及国家搅和到一起，让彼此尔虞我诈，成刺刀见红。在各种骗局、陷阱乃至诽谤、污蔑和诋毁，以及残酷无情的血腥争斗和强盗式的掠夺中，利益的影子无处不在。从这个意义上说，我们是利益的奴隶，而不是自己心灵的主人。

我坚信，天下没有不追逐利益的人。旷日持久的人生利益争夺游戏，从我们开始与人往来的那一刻起就开始了。在这场游戏中，所有的人都是你的敌人，包括你自己，你需要和你的弱点斗争，和所有将快乐建立在你痛苦之上的恶行斗争。由于我看透了这一切，所以一直坚守着一个原则：我能够欺骗敌人，但坚决不能欺骗自己。回击正想射杀我的敌人，永远不会让我的良心不安。

孩子，别误会！我不想将我们这个世界涂上一层令人压抑与窒息的灰色调，事实上，我相信友谊、真诚与善良一定存在，我也渴望得到这些能滋润我心灵的美好情感。但令人遗憾的是，在追名逐利的商场中，我不但难以得到这种满足，反而经常遭遇出卖和欺骗的打击。直到今天，我还能清晰地记得那些刻骨铭心的被骗经历。

最令我痛心的一次被骗发生在科利佛兰。因为生产过剩，当时炼油业几乎无利可图，大多数炼油商已经是濒临破产。再加上科利佛兰远离油田，与那些处在油田附近的炼油厂相比，我们还必须付出高昂的运输费。为改变这种劣势，我决心大规模收购濒临死亡的炼油厂，以便形成合力，让每个人都有钱赚。

我告诉那些炼油商们，为了共同保护自己，我们必须要做些什么，因为我们科利佛兰正处于不利的地位。我认为我的计划不错，请仔细想一想。如果你感兴趣，我们会很高兴与你共同磋商。出于善良的愿望和战略上的考虑，我买下了许多就像陈旧的垃圾一样，只配扔到废铁中的毫无价值的工厂。

但有些人拿到我的钱后便与我为敌，他们肆无忌惮地撕毁与我达成的协议，用废铁变成金子的钱购置设备，重新建厂并卷土重来，并公开敲诈我，要我买下他们的工厂。
这些人都曾请求我出个好价钱收购他们瘫痪的工厂，我做
到了诚实，可他们却如此邪恶、自私和忘恩负义。在那一
刻我的心情糟透了，我发现自己之所以落到了四面楚歌和
一筹莫展的境地，完全是太诚实与太善良的缘故。

　　最让我无法接受的是，在谋利的游戏中，竟然没有永
远的朋友。这种情形常有发生，我的两位教友就曾多次地
蒙骗我。看在上帝的份上，我不想历数他们的罪恶。但我
可以告诉你，当我知道我一直被他们欺骗的时候，我惊呆
了，曾经和我一同祷告并虔诚地发誓要摒弃骄傲、纵欲和
贪婪之心的人，为什么会变得如此卑鄙呢？

　　历经了种种欺骗与谎言，我告诉自己：你只能相信自己，只有
这样，你才不会被人蒙骗。这个世界有太多太多的欺骗，防人之心
不可无，虽然我知道这种敌视的心态并不好。

　　跟混蛋打交道多了，人也会变得聪明。那些邪恶的"老师"教
会了我许多东西，那些魔鬼帮我建立了一套与人打交道的法则。如
果现在谁要想欺骗我，我估计会比翻越科罗拉大峡谷还要难。我想
这套法则对你会有所帮助：

　　只有在确保自己有利无害的情况下，才可以表现自己的感情。
无论对事情了解有多深，永远都不要教导对手，但可以向对手学
习。不管别人如何催促，但凡事要三思而行，不考虑周全决不行
动。我有自己的真理，只对自己负责，并时刻提防那些要求我以诚
相待，想捞取好处的人。

　　我知道，欺骗只是谋利游戏中的策略，并不能解决问题。但我

更知道，在夜以继日地进行谋利游戏时，我必须时刻保持警惕并且明白：在这场游戏中，人人都是敌人，因为不管是否对他人有利，人们总是先顾及自己的利益。学会保护自己，并随时随地进行备战，才是最重要的。被人欺骗并不可怕，可怕的是自己欺骗自己。

孩子，发生在华尔街的那件事，并没有什么大不了的，那只是你太相信别人了。振作起来，命运给予我们的不是失望之酒，而是机会之杯！不过，你需要知道，一个人不可以在同一个地方跌倒两次。我多么希望看到你抛开过去的不快，勇敢地站立起来，重新面对新的开始啊！

爱你的父亲

1899年11月29日

第十一封 只有贪心才有所得

亲爱的孩子：

你时常听别人说你太贪婪，你为此感到很愧疚。其实，在正当的金钱利益追逐下，我认为越贪婪越好，这说明你越是有生意的头脑，因此不必理会那些说你贪心的人。

多少年来，我一直享受着这个"颂扬"——贪心，尽管在别人眼里似乎并不太美妙。早在我事业的巅峰时期，这份特别的颂扬就出现了，那时我洛克菲勒的名字就是财富的象征，一个庞大的商业帝国的象征，而不仅仅是代表一个人的符号。

我记得当时有很多人以及很多报纸都对我如此"颂扬"。虽然我知道他们无非是要诋毁我，想在我创建的商业帝国上刷一层令人生厌的铜臭，但这样的"颂扬"还不足以让我心惊肉跳。

我深深知道，在人的本性中早就潜藏着一种缺少能力与意志的力量，那就是嫉妒。当你超越了他们的时候，他们就会嫉恨你，就会用贬义词来指责你，甚至用捏造事实的办法来诋毁你，同时这些人还要在你面前表现出一种虚伪的高傲。有意思的是，在你生活得潦倒不堪并远不如他们时，他们又会讥笑你，笑你无能、愚蠢，甚至会贬低你做人的尊严。这就是人之本性，我的孩子！不知你是否明白这个道理。

上帝没有赋予我改变人性的使命，我也没有闲情逸致去阻止某些人来"恭维"我，让那些嫉妒我的人继续嫉妒吧！这正是我所能做的。尽管我很清楚，只要我将我所创造的财富给予那些人，他们就会带走那份恭维，但我不能！我相信，任何人都不能！除非他脑子有病！

虽然抑制不住蔑视那些"恭维"我贪心的人的情绪，但我不会同他们论战，因为绅士永远不会与无知者争辩。在冷静地回顾历史并检阅人类脚印的同时，我们不难得出这样的结论：任何社会都是建立在贪心之上的。那些诋毁我的人，看上去道貌岸然，但他们有谁不想独占自己拥有的东西呢？有谁不想掌控所有美好的东西呢？有谁不想控制自己需要的一切呢？答案是肯定的，只是没有人敢于承认罢了。这就是人类的虚伪本性。

拥有一颗橄榄果，你就会想拥有一整棵的橄榄树，因此，没有人是不贪心的。我活了近八十年，只见过不吃牛排的人，却没见过不贪心的人，尤其是在商界，功利才拜金跟贪心是同一个意思。我相信，在未来，不贪心的人仍将是地球上的珍稀物种，对美好事物的追求和占有，有谁会放弃呢？

阿奇博尔德先生说我是能够闻到终点线味道的赛马，一旦起跑我就会开始冲刺。虽然这话多多少少有点奉承我，但在我心里，贪心的确有其不低的地位。

在我读商业学校时，我的一位老师曾说过一句让我终生难忘且可以改变我命运的话。他说："贪心没有什么不好，我认为贪心是件好事，人人都可以贪心。从贪心开始，才会有希望！"

当这番极具煽动性和刺激性的话语被我的老师在讲台上喊出来时，台下的同学们哗声一片。因为只要想一想"贪心"的意义，就知道这个字眼有多么刺耳，好像它违背了大多数人从小培养的、并融于宗教、社会、伦理、政治和法律等各个层面的道德观。那种标尺般的道德观，无疑会给这个字眼打上肮脏的烙印。

但当我走向社会、并踏上创造财富之旅后，我才深深地体认到，老师的主张真是真知灼见，那份学费花得不冤。就像那些生物学家所告诉我们的那样，自然界是弱肉强食和适者生存的天地，而不是仁慈与无私的天堂，我们这个所谓的文明社会也同样如此。如果你不贪心，或许你就会被别人当作可口的甜点吃掉，毕竟这样的甜点不是很多。

如果你要想创造财富，并造就精彩的人生，我认为，光有"贪心是件好事"这个概念是不行的，还应该真正去做一个有信心的人。

贪心的潜台词，就是我要，我要的更多，我要独占一切！有谁没有在心底这样喊过呢？

为政者会说，我要手中握有权力，我要当州长，我还要当总统；

经商者会说，我要成为富翁，我要成为超级巨富；

为人父母者会说，我希望我的儿子功成名就，永远富足和幸福。

诸如此类，不一而足。人谁不贪呢？只是囿于道德、尊严和顾及脸面，才将贪心紧紧地遮掩起来，使得贪心成为禁忌的观念。

事实上，除非追逐名利的世界有一天毁灭，幸福变得像空气那样容易得到，否则，人类是不可能停止自己的贪心的。

那些满嘴嚼蛆的人，总视贪心为恶魔。但在我看来，打开贪心之锁，并不等于打开潘多拉盒子，而释放出每时每刻都在跳动的贪心，则等于是释放出了我们生命的潜能。是贪心让我从一个周薪只有五美元的簿记员变成了今天美国最富有的人。我认为，贪心是推动我创造财富的力量，就像它是推动社会前进的强大动力一样。

在我使用贪心一词时，你可能希望我把它换成抱负，但我不那么想。我们都处在一个贪心的世界之中，我认为使用贪心比使用抱负更纯朴。作为灵魂中一种正直无私的素质，纯朴与真诚不同，它比真诚更加高尚。

我在刚刚开始与山姆·安德鲁斯先生合办石油公司的时候，我的贪心就在膨胀。我时刻都在给自己打气：我要成为科利佛兰最大的炼油商，我要让流淌的油溪化成一捆捆的钞票，我要让每一个念头都服从于利益的动机，这样我最终成了美国的石油大王。那时的我事必躬亲和终日劳碌，我指挥炼油，组织铁路运输，苦思冥想如何节省成本和想方设法扩大石油副产品的市场。最初那段让我忍饥挨饿并夜以继日奔波在外的日子真是让我永生难忘啊！

我的孩子，你真喜欢一样东西，就一定要想方设法去得到，因为命运是要由自己去开创的。成功与失败的间距并不仅仅是一念之间而已，谁的贪心更强烈，谁就具有这种力量，谁就能焕发并施展出自己的全部力量，并不断超越自己。我每前进一步都能感受到贪心的力量！贪心让一个人的能力发挥到极致时，也会逼得他献出一切，排除所有障碍，并全速前进。很多人都曾问我同一个问题："洛克菲勒先生，是什么支撑着你走上财富之巅的呢？"

我当然不能表露真实想法，因为贪心为人们所不齿。但事实上，的确是贪心激发了我的财富欲望，而不断增长的财富，更膨胀了我的贪心。这个信念是支撑我成为一代巨富的支架。

贪心潜藏在每个人的内心深处，它是那么活泼、灵敏、富有力量。想让它出来助你成功，你就必须热爱它，告诉自己要贪心，要贪得很多、很多。

只要能够成功，任何力量都不能阻止我解放贪心。贪心之下实现的成功不是罪恶！成功是一种高尚的追求，如果能以高尚的行为去获得成功，总比贫困时对人类的贡献会更多，这一点我已经做到了！

　　看一看今天我们所做的将巨额财富投向教育、医学、教会以及那些穷困者的善举吧！这是一项伟大的慈善事业，而不是我一时心血来潮的个人施舍，世界正因为我的成功而变得美好。从这些看来贪心并不错，更不是罪恶。就此而言，那些说我贪心的人如果不是为了诋毁我，我会欣然接受他们对我做出的评判。

　　孩子，我才是我生命的重心，什么适合与什么不适合我要由我自己决定，只要我的心依然安宁，我才不在乎那些人说什么。在有些人眼里，即使我投资于惠泽民众的慈善事业，也会被他们视为一种诡计，怀疑我沽名钓誉，似乎我永远都是一个动机卑鄙的商人。他们看不到我无私的公益精神，更滑稽的是，他们竟然说我如此乐善好施是为了赎罪。

　　我想非常真诚地告诉你，装在我口袋里的每一分钱都是干净的，你的父亲永远会让你感到自豪。我是用卓越的智慧和强烈的事业心，使自己成为富人的。我的钱是上帝赐予的，我坚信上帝赏罚分明。上帝知道我会把钱返还给社会，造福我的同胞，所以我才能一直财源滚滚，如有神助。今晚的夜色真美啊！似乎每颗明亮的星星都在对我说："干得好！约翰。"因此，我更加踌躇满志了。你着，我的信心又大增了，这又有什么不好呢？

爱你的父亲

1918年5月6日

第十二封　体验竞争的胜利快感

亲爱的孩子：

今天，我遇到了久违的挑战，那就是在去打高尔夫的路上，我的车子被一个年轻人开着部时髦的雪佛兰高傲地超过。他刺激了我这个老头子好胜的本性，我一加油门和他开始了赛车，最后他只能看到我的车屁股了。就像我在商场上战胜对手一样，我真是高兴极了。你可以看出，我是怎么对待挑战的。

孩子，好胜是我与生俱来的天性，事实上我喜欢的是赚钱，而不是钱，我喜欢的是胜利时刻的美好感觉，所以那些谴责我贪得无厌的人都说得不对。

经商是一场残酷的斗争，迫使别人出局是最无情的，让别人输掉，有时也会触动我的恻隐之心，但是，为了自己避免失败的悲惨命运，你只能想方设法战胜对手。有竞争出现的地方就是这样的。

你不得不承认，要想成功，牺牲总是难免的。然而，如果你追求成功，希望赢得成功，就不能只想当好人，就应该早点打消那些同情别人的念头，并且要不遗余力，迎难而上或让对手早点出局。要知道好人也可能下地狱，商战必然会带来失败的痛苦，我们彼此都在扼杀对手，没有奋斗到底的决心，就没有资格成功。

坦率地说，我不喜欢竞争，但在竞争中我会竭尽全力。我心中争强好胜的本性会在遇到强劲的对手时熊熊燃烧，而当它熄灭时，我往往收获的是胜利和快乐。波茨先生就曾为我带来这种巨大的快感。

　　一个因好心而酿成的错误，导致了我与波茨先生的开战。七十年代时，石油都集中在宾州西北部一个不大的地方，如果在那里建设一张将一个个油井连接起来的输油管道网络，我便可以借助控制一个阀门而控制整个油区的开采量，进而彻底独霸这一行业。但是我担心，用管道长途运输会引起与我合作的铁路公司的不安与恐惧，更何况他们都曾帮助过我。为了维护他们的利益，我一直没有启动铺设输油管道的计划。

　　但是，野心勃勃的宾州铁路公司，却想要取代我，要将炼油业彻底置于他们的掌控之中。为了卡住我的脖子，他们把油区内两条最大的输油管道并入了自己的铁路网络。宾州铁路子公司帝国运输公司的总裁波茨先生，正是肩负这一使命的人。

　　坐视对手的实力增强，哪怕是潜在的对手，都是在削弱自己的力量，都有可能颠覆自己的地位，我当然没那么愚蠢。抢在别人之前达到目的，是我一贯的信念。我迅速组建了美国运输公司，起用精明强干的奥戴先生，与帝国公司展开了一场自卫反击战。感谢上帝，不出一年，我们就压制住了波茨先生的进攻，控制了油区四成的石油运输业务，我们的努力没有白费。但我与波茨先生的较量，这只是刚刚开始。

　　要想在这个世界上出人头地，就必须懂得去寻找自己的理想环境，如果没有，就自己创造一个出来。

两年后，在宾州布拉德福又发现了一个新油田，在那个激起千万人发财梦想的地方，奥戴先生带领他的人不分昼夜把输油管道铺向新油井。但油田的那帮家伙恨不得一夜之间就把油全部采光，然后面带喜悦揣着钞票走人。他们疯狂开采，毫无节制，不管奥戴他们如何努力，都无法满足运输和储存石油的需要。

　　我请奥戴警告采油商，他们的开采能力已经远远超过了我们的承运上限，如果不想自掘坟墓并毁灭自己，他们必须缩减生产量，否则，他们开采出来的黑金就将变得一文不值。但我们的好意和忠告，没有人接受，更没有人欣赏我们的努力，他们反而来声讨我们，谴责我们竟敢不运走他们的石油。

　　波茨先生在布拉德福德的采油商们情绪激动的时候，开始了他的行动。他先在我们的纽约、费城和匹兹堡炼油基地，收购我们竞争对手的炼油厂向我示威；接着，又在布拉德福德抢占地盘，铺设输油管道，想把布拉德福德的原油运到他们的炼油厂。

　　我必须将波茨先生赶出炼油行业，虽然我很欣赏他的胆量，也愿意接受他发起的并企图动摇我在炼油业统治地位的挑战。

　　我首先拜会了宾州铁路公司的大老板斯科特先生，直截了当地告诉他，波茨先生是个偷猎者，他必须停下闯入我们领地的脚步。但斯科特非常固执，决心让波茨的强盗行为继续下去。我只能向这个强大的敌人应战，别无选择。

　　首先，我终止了与宾铁的全部业务往来，将运输业务转让给了一直坚定地支持我们的两大铁路公司，并要求他们降低运费，削弱宾铁的竞争力量；同时关闭了匹兹堡所有依赖帝国公司运输的炼油厂；随后指示所有处于与帝国公司竞争的我方炼油厂，以远远低于对方的价格出售成品油。在我的立体、压迫式地打击下，从未被任何人征服过的斯科特先生，即便是握有全美最大的运输公司，也只有低头认输。

为了与我对抗，他们忍痛给予我们竞争对手巨额折扣，也就是说，他们还要赔钱给别人服务。接着他们又使出了裁减雇员和削减工资这个不得人心的招数。这很快便招来了惩罚，愤怒的工人们一把大火烧了他们几百辆油罐车和一百多辆机车，逼得他们只得向华尔街银行家们紧急贷款，这可是他们没有想到的。结果，当年宾铁的股票价格一落千丈，股东们一分钱红利也没得到。他们的口袋越来越瘪，这就是他们与我决斗的代价。

波茨先生，在战场的硝烟中拼出了上校的军衔，有着令人钦佩的不屈不挠的意志力，无愧于军人的本色。在胜负已分的情况下，他还想继续同我战斗下去。但同样有着军旅生涯的斯科特先生，低下了那不可一世的脑袋，他更懂得识时务者为俊杰的道理，尽管此前他曾是最有统治欲和最独裁的实力派人物。他果断地派人告诉我，他将停止炼油业务，并非常希望与我讲和。

我知道，波茨上校想要证明自己是能够带领犹太人走出埃及的伟大摩西，可惜他彻底失败了。几年后，波茨成了我属下一个公司积极勤奋的董事，彻底放弃了与我对抗的欲望。这是个精明狡猾得像油一样的油商啊！

傲慢通常会让人失败。斯科特和波茨之流自恃出身高贵，一直目空一切，所以，能成功驯服这些傲慢的蠢驴，我感到欢欣鼓舞。

孩子，我喜欢胜利，但我不喜欢靠玩弄手段获取胜利。不计代价来获得的胜利，并不是真正的胜利。丑恶的竞争手段令人厌恶，那等于是画地为牢，即使偶尔赢得一场胜利，却可能永远无法超越，从而失去再次获胜的机会。

而循规蹈矩并不意味着必须降低追求胜利的决心，它表示用合理的方式去赢得明确的胜利，也表示在这种标准下，公平与无情地追求胜利。我希望你能做到这一点，那么，你就是一个。

真正的竞争者，真正的胜利者！

爱你的父亲

1918年8月11日

第十三封　没有免费的午餐

亲爱的孩子：

你来信说有条指责我吝啬，并说我捐款不够多的新闻报道，对我的名誉好像有所伤害。其实，我已经注意到了，我觉得没什么。我被那些不明事理的记者骂多了，也就习惯了他们的无知与苛刻。无论他们如何口诛笔伐，我保持沉默并不加辩解，这是我回应他们的唯一方式。我坚信自己站在正确的一方，因为我清楚自己的做法。

每个人都有自己要走的路，重要的是要无愧于心。我很少理会那些乞求我出钱来解决他们个人问题的人。让我出钱比让我赚钱更令人紧张，下面的故事或许可以解释这个原因：

有一个圈养了几头猪的农户，一天，他忘记关圈门，那几头猪乘机逃跑了。经过几代的繁衍，这些猪变得越来越凶悍，甚至开始威胁经过那里的行人。几个经验丰富的猎人听到此事，很想捕获它们为民除害。但是，这些猪却很狡猾，从不上当。

孩子，你知道吗？猪在开始独立的时候，都会变得强悍和聪明。

有一天，一个老人赶着一头拖着两轮车的驴子，车上拉着许多木材和粮食，走进了"野猪"出没的村庄。

"你从那里来，到那里去呀？"村民们很好奇地问那个老人。

老人说："我是来帮助你们抓野猪的啊！"

一听这话，村民们都笑了，"别逗了，怎么可能？连最好的猎人都抓不住啊！"

但是，两个月以后，老人回来告诉村民，野猪已经被他关在山顶上的围栏里了。

村民们惊讶极了，连声追问："真的吗？真是无法想象，你是怎么抓住它们的？"

老人解释说："首先，我去寻找野猪经常出来觅食的地方，然后在那里的空闲处放一些粮食作为诱饵。那些猪开始吓了一跳，但闻到粮食的味道，最后还是好奇地跑了过来。很快，一头老野猪吃了第一口，其他野猪也跟着吃起来。当时我想，肯定能抓到它们。"

"第二天，我在几尺远的地方竖起一块木板，又多加了一点粮食。刚开始，那块木板就像幽灵一般，把它们暂时吓退了。但是经不起吃白食的诱惑，不久他们就跑回来继续大吃起来。当时野猪并不知道自己马上就要落入陷阱。此后，我只需要每天在粮食周围多竖起几块木板，直到我的陷阱完成，它们就无法逃脱了。"

"每当我加进一些东西，它们就会远离一段时间，不过最终还是会再来。然后，我挖了一个坑，一根根地立起了角桩。围栏造好了，陷阱的门也准备好了，而不劳而获的习惯使它们毫无戒备地走进围栏。这时我就出其不意地收起陷阱，轻而易举地抓到了那些猪。"

其实，这个故事包含的意思很简单，当一只动物要靠人类供给食物时，它的机智就会被夺走，接下来它就麻烦了，同样的情形也适用于人类。如果你想使一个人残废，只要给他一对拐杖，几个月后就能达到目的。也就是说，如果在一定时间内你免费供给一个人午餐，他就会养成不劳而获的习惯。因为被"照顾"的需求，是每个人打娘胎里带来的。

是的，虽然我一直鼓励你要帮助别人，但授人以鱼不如授人以渔。这个关于捕鱼的老话还是很有意义的。

在我看来，资助一个人金钱，会使他失去节俭和勤奋的动力，并变得懒惰、不思进取和没有责任感，那么这种帮助是错误的。更为严重的是，当你施舍一个人时，你就剥夺了他的尊严，你剥夺了他的尊严，也就抢走了他的命运，在我看来这是极不道德的。作为富人，造福于人类是我的责任，但这样做绝不意味着我要造出大批的懒汉来。

无论好坏，一个人一旦养成了习惯，习惯就会一直左右他。吃白食的习惯不会使一个人步向成功，只能使他与胜利擦肩而过。工作就是我们享受成功付出的代价，努力工作才能得到财富与幸福，勤奋工作才是唯一可靠的出路。

在古代，一位聪明的老国王，想编写一本智慧录，以传承后世子孙。一天，老国王将他聪明的臣子召集来，说："没有智慧的头脑，就好比没有蜡烛的灯笼。我要你们编写一本各个时代的智慧录，去照亮子孙的前程。"

这些聪明人接到任务后，花了很长一段时间，最终交上了一本十二卷的巨作，并骄傲的宣称："陛下，这本书包含了各个时代的智慧。"

老国王看了看，说："各位，我当然相信这是各个时代的智慧结晶，但是，它太厚了，我担心没有人会有耐心读完它，还是浓缩一下吧！"这些聪明人又花了很长时间，几经删减，缩成了一卷书。但是，老国王还是觉得太长，下令再次浓缩。

于是，一本书被浓缩为一章，然后是一页，再然后是一段，最后则变成了一句话。

看到这句话时，聪明的老国王非常得意。

"各位，"他说："这的确是各个时代的智慧结晶，人们一旦知道了这个真理，我们大部分的问题就可迎刃而解了。"

这句话就是："天下没有免费的午餐。"

这是这部智慧之书的第一章，也是最后一章。人们如果都懂得出人头地要以努力工作为代价，大部分人就会有所成就，而这个世界也将变得更加美好。白吃午餐的人，迟早会付出代价，而且是连本带利。

一个人活着，总得创造点足以使生命和死亡有尊严的东西吧！你说是这样吗？我聪明的儿子！

爱你的父亲
1911年3月17日

第十四封　做聪明的傻子

亲爱的孩子：

我来信告诉你一件事情，我明天要回老家科利佛兰处理一些家族的事情。我不在的时候，希望你能来代我打理一些事务，顺便也想锻炼锻炼你，看重你真实的能力。但需要提醒你的是，要多向盖茨先生请教和咨询，特别在遇到某些棘手或自己拿不定主意的事情时。

盖茨先生忠实真诚、直言不讳、尽职尽责并精明干练，总能帮我做出明智的抉择，是我最得力的助手。我非常信任他，只要你尊重他，我相信他一定会对你大有帮助的。

孩子，我知道你是布朗大学的优秀毕业生。虽然你在经济学与社会学方面的知识很优秀，但是，你应该清楚，知识原本空洞，除非你把它付诸行动，否则一点用处也没有。而且，教科书上的知识，几乎都出自那些在象牙塔里皓首穷经的知识匠人，对于实际问题，它很难帮你有效地解决。

戒除对知识和学问的依赖心理，是你走上人生坦途的关键，也是我对你的希望。

你必须知道，学问本身并不代表什么。学问必须加以活用，才能发挥作用。而要想能够灵活运用学问，你必须首先成为身体力行的人。

那么这种实际能力从哪里来呢？我认为它就潜藏在艰难困苦之

中。经验告诉我，走过艰难之路，特别是布满艰辛、不幸、失败和挫折的道路，不仅能铸就我们坚强的性格，而且能培养我们成就大事的实际能力。在苦难中向上攀爬的人，才懂得千方百计地去寻找方法与运用手段让自己得救。处心积虑地去吃苦，是我笃信的成功信条之一。

也许你会嘲笑我，这不是犯傻吗？不！没有体验不幸的人，未必真正幸运。轻易到手的东西来得快去得也快，那些一夜成名并一夜暴富的人们，有几个能长盛不衰呢？吃得苦中苦，才可将你的事业大厦建立在坚实的地面上，而不是流沙里。人要有远见，长时间的吃苦，必有长时间的收获。

我相信你已经发现了，作为我的儿子，我并没有给你分派多么重大的任务。我只是希望你善于从小事做起，当然这并不表示我怀疑你的能力。

做好小事才能做成大事。一开始就高高在上的话，就无法体贴部属的心情，也就不能真正地活用人才。在这个世界上要活下去并要有所成就，你必须借助于别人的力量，你必须从基层开始，才会了解当部属的心情，这样，当你登上高位以后，就知道如何让他们贡献出全部的工作热情。

孩子，世界上有两种人都很聪明：一种是活用自己的聪明人，就像艺术家、学者和演员；一种是活用别人的聪明人，例如经营者和领导者。后者较前者更需有一种可抓住人心的特殊能力。但很多领导者在这方面都不够聪明，他们以为依据由上而下的指挥方式就能抓住人心。在我看来，这非但不能抓住人心，反而会降低很多领导力，这样的领导者只会使部属无能化。要知道，对自己是否受到轻视，人们是很敏感的，若被看矮一截，就会丧失干劲。

一头被好好夸奖一番的猪，它甚至能爬到树上去。善于驱使别人的经营者、领导者或大有作为的人，一般都心胸宽广，他们懂得欣赏和赞美他人的艺术，善于付出真正的情感。而一旦付出深厚的感情，领导者就会获得部属更多的敬重，胜利终究会属于他。

无知无识的人虽然最终不会有大用，但有知识的人却很可能被知识所奴役。所有的知识都会转化为先入为主的观念，形成一边倒的保守心理，认为"我懂""我了解"以及"社会本来就是这样"，这是每个人都需要警惕的。有了"懂"的感觉，就会缺乏想要知道的兴趣，从而丧失前进的动力，等待他的也只剩下百无聊赖了。这就是"因为不懂所以成功"的道理。

但是，很多有知识的人对"不懂"总是难以启齿，甚至把无知当成了罪恶。他们受自尊心和荣誉感所限，好像向别人请教，就说明自己不懂，或是件丢脸的事。这就是自作聪明了。那句伟大的格言"每一次说不懂的机会，都会成为我们人生的转折点"，是这种人永远都无法理解的。

自作聪明的人是傻子，懂得装傻的人才真正聪明。如果把聪明看作可以捞到好处的标准，那我显然还不够傻。

自己曾经装傻的情景，直到今天我都能清晰记得。当时我走在大街上，正为如何筹借到一万五千块钱而苦思冥想。说来有意思，正当我满脑子闪动着借钱、借钱的念头时，有位银行家拦住了我的去路，"洛克菲勒先生，你想不想有五万块钱？"他在马车上低声问我。我简直不敢相信自己的耳朵，居然有这样的好事？但在那一刻我没有表现出丝毫的急切，我看了看对方的脸，不紧不慢地告诉他："是这样……你能给我二十四小时考虑一下吗？"结果，我以最有利的条件与他达成了借款合同。

装傻能给你带来很多很多的好处。装傻就是要摆低姿态，变得谦虚，也就是将你的聪明隐藏起来。"人越聪明越需要装傻，越是成熟的稻子，越垂下稻穗。"这句格言说的就是这个道理。

孩子，有了爱好，然后才能谈到技巧。现在，就开始热爱装傻吧！

我能料到，在我离开的日子里，让你独当一面并没有那么容易，但这没有什么。我在经商中始终奉行一句格言——"让我等等再说"。我做事也有一个习惯：在做决定之前，我总会冷静地思考和判断，而我一旦做出决定，就将义无反顾地执行到底。我相信你也能行，我最聪明的傻儿子！

爱你的父亲

1897年10月9日

第十五封　勤奋创造财富

亲爱的孩子：

收到你的来信我很高兴，你在信中有两句我很欣赏的话，一句是"你要不是赢家你就是在自暴自弃"，一句是"勤奋出贵族"。这两句话也是我不折不扣的人生座右铭，用一个不太谦虚的说法：它正是我人生的缩影。

那些没安好心的报纸，在谈到我创造的巨额财富时，常把我比作是一架很有天赋的赚钱机器，其实他们对历史缺乏深刻洞察，对我更是几乎一无所知。

作为移民，充满希望和努力奋斗是我们的天性。在我很小的时候，我的母亲就把节俭、自立、勤奋、守信和不懈等美德植入了我的骨髓中。我真诚地相信这些美德，并视它们为伟大的成功信条，直到今天，在我的血液中依然流淌着这些伟大的信念。正是这一切变成了我向上攀爬的阶梯，把我送上了财富的巅峰。

说真的，是那场改变美国人民命运与生活的战争，让我成为令商界啧啧称奇而又望而生畏的商业巨人，它让我获益匪浅。南北战争给予了美国民众前所未有的巨大商机，我也因此提前变成了富人。它为我在战后掀起的抢夺机会的竞技场上，提供了获胜所必需的资本支持，以致后来我才能财源滚滚。

为什么我能抓住机会成为巨富呢？而很多人为什么与机会擦肩而过却依然贫困呢？机会面前可是人人平等的啊！难道真的像诋毁

我的人所说的那样，是因为我贪得无厌吗？

绝不是！机会其实只留给勤奋的人！打小我就笃信一条成功法则：财富是勤奋工作的副产品，是意外之物。只有通过勤奋的思考与勤奋的行动，才能实现每一个目标，财富梦想也不例外。

"勤奋出贵族"这句话，我非常赞同，它是让我永生敬意的箴言。那些享有地位、尊严、荣耀和财富的贵族，都有一颗永不停息的心，都有一双坚强有力的臂膀，不管身处何时、何地，身上都凸显着坚定的毅力和顽强的意志。正是这样的品质，使他们成就了事业，赢得了尊崇，成为顶天立地的人物。

孩子，这个世界是如此地变幻莫测，就像万物盛衰与起伏变幻的沧海桑田那样生生不息。不会有永远的贵族，也不会有永远的穷人。就像你所知道的那样，在我小的时候家境贫寒，穿的是破衣烂衫，有时候要靠好心人的接济才能度日。但今天我却已拥有一个庞大的财富帝国，并已将巨额财富注入到了慈善事业之中。这说明通过自己的勤奋工作和执着追求以及超人智慧，出身卑贱和家境贫寒的人，同样能功成名就和出人头地，成为一代新贵族。

所有的尊贵和荣誉要想长久，都必须靠自己的创造去获取。在我们今天这个社会，富家子弟大多处在一种不进则退的情况之下。可悲的是，他们中很多人都缺乏进取精神，好逸恶劳与挥霍无度，虽然在富裕的环境中长大，却难免老死于贫困。

所以，你要在与人生风浪的博击中学会完善自己并成就自己，并享受成功的喜悦与赢得社会的尊敬，就要学会凭自己的双手去创造，你就要懂得，只有那些勇于探索的人才有资格佩带荣誉的桂冠你还要明白，勤奋是为了自己，不是为了别人，自己才是最大的受益者。

一分耕耘、一分收获。作为贫民子弟，自孩提时代起我就坚信，要想获得成功并赢得财富与尊严，除去勤奋别无他策。在我10岁时我就知道要尽我所能地多干活，砍柴、挤奶、打水以及耕种等，我什么都干，而且从不偷懒。学生时代的我并没有多么聪明，但我不甘人后，总是勤奋地准备功课，并数年如一日。现在想来，正是乡下那段艰苦而辛劳的岁月，锻炼了我的身体，使我能够承受日后创业的艰辛，也培养了我坚强的意志和自信，让我变得更加坚忍不拔。

我清楚，我的成功，包括我即使在身陷逆境时总能泰然处之，在很大程度上都得益于我自小建立的自信心。

勤奋能锻炼人的品质，更能培养人的能力。在我受雇于休伊特-塔特尔公司时，终日披星戴月并夜以继日，终于获得了具备卓越能力和出众的年轻簿记员名声。在那段日子里，我的老板就曾对我说，以你这非凡的毅力，你将来一定会获得成功。尽管我当时对自己的未来还比较茫然，但我始终相信，只要我用心去干一件事，我绝不会失败。

今天，虽然我已年近古稀，但我依然搏杀于商海之中，因为我知道，结束生命最快捷的方式就是混吃等死。人们当然有权力选择退休之后是休息还是工作，但那无所事事的生活态度会让人精神颓废。因为我知道生命的真谛，所以我始终将退休视为再次出发，一天也不愿停止奋斗。

孩子，我之所以有今天的显赫地位和巨额财富，不过是我付出了比常人多得多的劳动和创造。我原本是普普通通的常人，头上也没有什么金光闪闪的王冠，我的功成名就来自于坚强的毅力、顽强的耕耘和不倦的奋斗。我的名誉是血汗浇铸的，是实至名归，那些无知和浅薄的嫉恨，对我都是不公平的。

我的儿子，我们的财富就是对我们勤奋的嘉奖，也可以说是我们比别人更多付出的剩余价值。总之，要想更多财富，就必须更多付出。付出我们辛勤的汗水，付出我们超凡的智慧。

爱你的父亲
1907年1月25日

第十六封　没有任何借口

亲爱的孩子：

你知道吗？斯科菲尔德船长又输了，他气急败坏地把他那根漂亮的高尔夫球杆扔上了天，看来他只得再买一根新球杆了。可见，生气真的不值啊！

坦率地说，人生奋斗的目标就是求胜，打球也是一样，所以我比较喜欢船长的性格。我准备买根新球杆送给他，他要是把这当作对他发脾气的奖赏而一发不可收拾起来的话，我可就惨了。

尽管输球会令斯科菲尔德船长非常不高兴，但他还有一个令人称道的优点，就是他认为赢本身并不代表什么，努力去赢才是最重要的。所以，他从不为自己的输球寻找借口，尽管他可以以年龄太大、体力欠佳等说话来作为理由，为自己讨回颜面，但他从来不这样做。

在我看来，借口是一种思想上的毛病，失败者无一例外都染有这种严重病症，当然一般人也会有一些轻微症状。但是，一个人越是成功，越不屑于找借口，借口就是处处亨通者与那些无所作为者之间最大的差异。

你只要稍微留心一下就会发现，那些没有任何作为，也不计划有所作为的人，经常会带着一箩筐的借口。失败者为自己留的第一个退路，就是常常解释自己失败的各种理由。

借口是制造失败的根源。我鄙视那些善找借口的人，也同情那些善找借口的人，因为他们是懦夫。

失败者一旦找出一种"好"的借口，就会抓住不放，他们总是拿着这个借口对他自己和别人解释：为什么他无法再做下去？为什么他无法成功？刚开始，他还能明白他的借口多少有点撒谎成分，但是在不断重复使用后，他便会相信这个借口就是他无法成功的真正原因。结果他的大脑就开始怠惰与僵化，就会失去想方设法要赢的动力，尽管他们从不愿承认自己是个爱找借口的人。

我只见过少数人站起来说："我的成功是靠自己的努力而来的。"但到现在，我还从未见过任何男人或女人，敢于站起来说："是我让自己失败的。"失败者都有一套自己的借口，家庭、性格、年龄、环境、时间、肤色、宗教信仰、某个人乃至星象等，都是他们归咎的理由，而最常见的借口莫过于健康、才智以及运气。

健康问题是他们用得最多的借口，一句"我的身体不好"或"我有这样那样的病痛"，就成了不去做或失败的理由。事实上，有谁是完全健康的，每个人生理上多少都会有些毛病的。

很多人会完全或部分屈服于这种借口，除了那些一心想要成功的人。盖茨先生曾为我引荐过一位大学教授，他虽然在一次旅行中不幸失去了一条手臂，但还是经常微笑，经常帮助别人，跟我所认识的每一个乐观者一样。那天在谈及他的残障问题时，他告诉我："那只是一条手臂而已，当然，两个总比一个好。但是切除的只是我的手臂，我的心灵还是百分之百的完整啊！我实在是要为此感谢上帝啊！"

有一句老话说得好："在我遇见一位没有脚的人之前，我一直在为自己的破鞋子懊恼。"庆幸自己的健康比抱怨哪里不舒服要好得多。为自己拥有的健康感谢，能有效地预防各种病痛。我经常提醒自己：累坏自己总比放着生锈要好。我们的生命是要用来享受的，浪费光阴而真的担心出病来，那才是真正的不幸。

"我不够聪明"这个借口也很普遍，几乎有百分之九十五的人都程度不同地犯有这种毛病。这种借口跟别的不太一样，它通常默不作声。人们多半是在自己内心深处这么想，而不会公开承认自己缺少足够的聪明才智。我发现，大多数人对"才智"有两种错误的态度：太低估自己和太高估别人。因为这些错误，使得许多人看轻自己。他们不愿面对挑战，因为那需要相当的才智。认为自己愚蠢的人才是真正的蠢货，要知道，如果你根本不考虑才智的问题，而是去放胆一搏，也许能做得很好。

一个人，不管你有多少聪明才智，真正重要的，是如何利用你已经拥有的聪明才智。要成为一个成功的商人，唯一的关键，就是对经商要有强烈的兴趣和热心，而不需要有闪电般的灵敏，不需要有惊人的记忆，也不需要在学校名列前茅。兴趣和热心是决定成败的重要因素。

事情的结果往往与我们的热心程度成正比。热心能使事情成功几率提高一百倍甚至一千倍。很多人并不知道什么叫热心，事实上，热心就是"很了不起的"那种热情和干劲。

我认为，一个才智平平的人，如果能乐观、积极并善于与人合作，肯定会比一个才智杰出却悲观、消极与拒不合作的人能赚得更多金钱，赢得更多尊敬，并获致更大成功。一个人面对的事情无论大小，只要他能执着热忱地去完成，成果肯定会远远超过那些聪颖却懒散的人。因为，专注与执着占了一个人百分之九十五的能力。

有些人总在呻吟感叹：为什么很多非常出色的人物会失败呢？我的理解可以让他们不再叹息：如果一个绝顶聪明的人，将自己所有的脑力都用在了如何证明事情为什么无法成功上面，而不是用来引导自己的心力寻找迈向成功的各种方法，那么失败的命运就是必然的。消极的思想牵引他们的智力，使他们无法施展身手而一事无成。如果他们换一种思维，相信他们会做出许多伟大的事情。

想成大事却不懂得思考的大脑，不过是一桶廉价的糨糊而已。

我们才智的高低，远远比不上可引导我们发挥聪明才智的思考方式重要。这是一项基本的成功法则，即使是学历再高也无法改变。天生的才智和教育程度不是业绩好坏的确定原因，思想管理才是关键。那些成功的商人都是富有热忱的，从不去杞人忧天。虽然改善天赋的素质并非易事，但改善运用天赋的方法却要容易得多。

所谓知识就是力量，很多人都迷信它。在我看来这句话只说对了一半。知识只是一种潜在的力量，要想显出它的威力，只有将知识付诸实践，而且是建设性地应用才有效益。借口自己才智不足的人，也正是误解了这句话的意义。

在标准石油公司，活字典式的人物永远没有位置，因为我不需要只会记忆而不会思考的"专家"，我需要的是拥有梦想而且勇于实现梦想并真正能想出各种点子解决问题的人。有创意的人能为我赚钱，只会记忆资料的人能做什么呢？

一个不以才智为借口的人，就不会低估自己的才智，也不会高估别人的才智，他会悉心运用自己的资产发掘拥有的优异才能。在他看来，拥有多少才智并不重要，重要的是他如何使用现有的才智和善用自己的脑力。他会常常提醒自己：我的心态比我的才智重要。他有建立"我一定赢"的强烈渴望。他知道，自己的才智不是用来证明自己会失败的，而是用来积极创造、寻找成功方法的。他还知道要用自己的头脑来创造并发展新观念，寻找更好的做事方法，因为思考力比记忆力更有价值。他会随时提醒自己：我是正在用我的心智创造历史呢？或只是在记录别人创造的历史呢？

有果必有因，人类的遭遇也不全存在偶然性。有很多人总会把自己的失败怪罪于运气太坏，或看到别人成功时，就眼红人家运气太好。我从不相信什么运气好坏，除非把我精心筹备的计划和行动叫做"运气"。

如果由运气决定自己该做什么，那么每一桩生意都会失败。假设标准石油公司要根据运气来彻底进行改组，将公司所有职员的名字放入一个大桶里，第一个被抽出的名字肯定是总裁，第二个就是副总裁，就这样顺序下去。很可笑吧？但这就是运气的作用。

我从不屈从运气，我相信因果定律。仔细观察，那些看似好运当头的人，你会发现，是准备、计划和积极的思想为他们带来美景，而并不是运气使然。再看看那些"运气不好"的人，你会发现背后也都有其明确的成因。面对挫折，成功者能从失败中学到经验并再创契机，而平庸者往往就此丧失斗志。

一个人靠运气当然不可能取得成功，还必须付出努力的代价。我从不妄想靠运气获得胜利，我只会修炼出使自己变成"赢家"的各种特质，并集中全力去发展自我。

绝大多数人都被借口挡在了成功的大门之外。百分之九十九的失败都是因为人们惯于找寻借口，所以在追求事业成功的过程中，防止自己找借口，才是最为重要的一个步骤。孩子，你一定记住，没有任何借口，就没有任何不成功的事情。

爱你的父亲

1906年4月15日

第十七封　挖掘你身边的宝藏

亲爱的孩子：

就在昨天，我收到一个立志发家致富的年轻人来信，他在信中说：他缺少资本，他该如何去创业致富呢？并请求我回答这个问题。对于这个问题，不知道你怎么回答呢？

上帝呀！这个年轻人想让我指明他生命的方向啊！我无法拒绝他的诚恳，但令人痛苦的是，教诲他人也不是我的专长啊！不过我还是回信告诉他，你需要资本，但你更需要常识。因为常识比金钱更重要。

缺少资本对那些想要创业的贫寒之子而言，往往是他们最大的苦恼。如果他们再害怕失败，他们就会犹疑不决，像蜗牛般缓慢行进，甚至被成功拒之门外，而永无出头之日，所以在给那个年轻人回信时，我特别提醒他：

"从贫穷通往富裕的道路永远是畅通的，但坚信自己是最大的资本，才是最重要的。信念就是带动你前进的力量，你要锻炼自己的信念，不停地找寻迟疑的原因，直到信念取代了怀疑。想想看，连你自己都不相信的事，又怎么可能达成呢？"

成功的种子就撒在自己身边，这是所有渴望成功的人都应该知道的。想获得自己想要的东西，就必须认识这一点。我还给那个年轻人讲了一个阿拉伯人的故事，我相信这个故事定将对他乃至所有的人都会产生助益。

故事是这样的：

在很久以前，在离印度河不远的地方，住着一个名叫阿尔·哈菲德的波斯人。在那里，他拥有一大片兰花园、肥沃的土地和广袤的园林。他是个知足的人，而且十分富有。因为他很富有，所以他十分知足。

有一天，一位前来拜访哈菲德的老僧人，坐在火炉边对他说："你现在很富有，生活也很安逸，但是，你有没有想过：假如你手中握满钻石，整个国家的土地你都可以买下来。假如你再拥有一座钻石矿，凭着这庞大的财富影响力，你的孩子可以当上国王啊！"

听了老僧人这番极具诱惑力的话，当天晚上在床上，哈菲德就变成了一个穷人，不是因为他失去了一切，而是他觉得自己很穷，他已经开始变得不满足了。想着那熠熠生辉的钻石，他整夜辗转反侧。第二天一大早他就跑去找那位僧人。

一大早就被叫醒，老僧人很不高兴。但哈菲德已经完全顾不得那些了，他满不在乎地把老僧人从睡梦中摇醒，问道："什么地方可以找到钻石？快告诉我！"

"钻石？你要钻石做什么？"

"我想要拥有庞大的财富，可我不知道哪里可以找到钻石。"哈菲德说。

"哦！山里面有一条在白沙上穿流的河，如果你能找到这条河，就可以在沙子里找到钻石。"明白过来的老僧人回答道。

"真有这样的一条河吗？"

"多的是，多的是！你只要出去寻找，一定会找到。"

"我会的。"哈菲德说。

于是，他把房子交给邻居看管，拿着卖掉农场的钱和收回的借款，出发去寻找钻石了。

哈菲德先是去了月光山区寻找，后来又到了巴勒斯坦和欧洲，直至花光了身上所有的钱，直到变得一贫如洗。他如同乞丐一般，站在西班牙巴塞罗那的海边，看着一道道越过赫丘力士石柱汹涌而来的巨浪，这个历尽沧桑的可怜虫，无法抵抗死神的诱惑，就随着浪峰跌入大海，终结了自己的痛苦。

在哈菲德死后不久，他的财产继承人拉着骆驼去花园喝水，在那清澈见底的溪水中，继承人发现，一种奇异的光芒在浅浅的溪底白沙中闪烁。伸手下去，他摸到了一块黑石头，石头上面有一处闪亮的地方，散发出彩虹般的光芒。他将这块怪异的石头拿进屋子放在壁炉架上之后，又继续去忙他的，他把这件事完全抛在了脑后。

几天后，那个老僧人也来拜访哈菲德的继承人。看到架子上石头发出的光芒，老僧人疾奔过去，惊讶地叫道："这是钻石！这是钻石！哈菲德回来了吗？"

"不，他还没有回来！而且那也不是钻石，那不过是一块在我家后花园里发现的石头。"

"你发财了，年轻人！这真的是钻石！我认识它。"

于是，他们一起冲进花园，在溪底的白沙中，发现许多比第一颗更大、更漂亮的钻石。

这就是人类历史上最大的钻石矿——印度戈尔康达钻石矿。这座矿的价值远远超过南非的金百利。英王皇冠上镶嵌的库伊努尔大钻石，以及那颗镶在俄皇王冠上的世界第一大钻石，都是采自这座钻石矿。

每当想起这个故事，孩子，我就为阿尔·哈菲德深深叹息。假如哈菲德不是去他乡寻找，而是留在家乡，在自己的田地和花园中挖掘本属于自己的钻石，他又怎么会沦为饥寒交迫的乞丐，以至投海自杀呢？

不是所有的故事都饱含深意，但这个波斯人的故事带给我的人生教诲，却是极其宝贵的：人最重要的是要真诚地相信自己。如果你决心去挖掘你的钻石，它并不在遥远的高山与大海之间，而就在你家的后院。

每个人都有决定自己努力和判断方向的思维，从这个意义上说，我以为，不相信自己的人就跟窃贼一样，因为任何一个不相信自己，而且未充分发挥本身能力的人，都可以说是向自己偷窃的人。而且由于创造力低，在这过程中，他也等于是向社会偷窃。这种罪过是很严重的，因为它所造成的损失，跟故意偷窃一样大。虽然那些向自己偷窃的人，都是无意中偷窃的，但罪过却是同样的。

我们要想爬向高峰，就必须戒除这种向自己偷窃的行为。悟出其中所蕴含的真义，这就是我对那个渴望成功的年轻人所期望的。当然，也是我对你的期望啊！

爱你的父亲

1926年5月29日

第十八封　把金钱当做奴隶

亲爱的孩子：

我常常对你讲，要注意自己的性格修炼，特别是偏执和骄傲容易引发很多悲剧，也制造了很多穷人。因此，必须戒除这种不利性格的滋生。

在很久以前，我在第五大道浸礼会教堂，曾偶遇一个在节衣缩食中艰难度日的年轻花匠，他叫汉森。也许自以为坚守贫穷是种美德，汉森先生摆出一副品格高尚的样子对我说："洛克菲勒先生，我觉得我有责任同你讨论《圣经》上说的'金钱是万恶之源'这个问题。"

在那一刻，我就明白汉森先生为什么落得如此境地了，他从《圣经》中获取的人生教诲全是误解，可叹他却全然不知。

不想看到这个可怜的年轻人在断章取义的沼泽中越陷越深，我告诉他："年轻人，跟你一样，我也从小就不断接受各种基督教格言的熏陶，并以此作为自己的行为准则。但我的记忆力好像要比你强点，或许你忘了，那句话的原话应该是'喜爱金钱是万恶之源'。"

汉森大张着嘴巴，好像要吞下一条鲸鱼，"你说什么？"

要是他赚钱的胃口能有那么大该多好啊！"没错，年轻人，"我拍拍他的肩头，说，"《圣经》根源于人类的尊严与爱，是对宇宙最高心灵的敬重，你可以放心大胆地引用里面的话，甚至将生命托付给它。所以，当你直接引用《圣经》的智慧时，你所引用的就是真理。'喜爱金钱是万恶之源'。哦！正是如此，喜爱金钱只是崇拜的手段，并不是目的。要想达成目标，就必须有手段。换句话说，如果你只知道当个守财奴，那么金钱就是万恶之源。"

"想想吧！年轻人，"我提醒汉森，"如果你有了钱，你就可以给你的家人和朋友带来快乐与幸福，更可以造福社会，拯救那些孤苦无依的穷人，这样，金钱就成了幸福之源。"

"年轻人，手里每多一分钱，就增加了一分决定未来命运的力量，快去赚钱吧！"我劝导他，"有了钱就有了力量，你应该多花点时间让自己富裕起来，而不是让那些片面的观念束缚你有力的双手。在纽约，到处充满了致富的机会，你应该致富，而且也能够致富。请记住，年轻人，我们虽只是尘世间的匆匆过客，却也应绽放出属于自己的光彩。"

我不知道汉森那看上去结实也不笨的脑袋能否接受我的劝导，如果不能，那就太遗憾了。

我一直认为，每个人都应该花时间让自己富裕起来。当然，的确有些东西是金钱所无法比拟的。当我们看到一座落满秋叶的坟墓时，就不免感到一种说不出的悲伤。我知道有些东西的确比黄金更甜蜜、更尊贵和更神圣，那些受过苦难的人尤其能深深地体会到这一点。然而，有常识的人都知道，那些东西没有一样不是用金钱来大幅提升的。金钱不是万能，但没有钱却是万万不能。

爱情是上帝给予我们的伟大之物，但是，金钱的力量，可以让拥有很多金钱的人把爱情变得更加幸福。

如果一个人说"我不要金钱"，那就相当于在说："我不想为家人、朋友和同胞服务。"虽然这种说法有点荒谬，但要断绝这两者关系却是不可能的!

我提倡每个人都应该去赚钱,因为我相信金钱的力量。然而,对这种想法,宗教却持有强烈的偏见。有些人甚至认为,作为上帝贫穷的子民是自己无上的荣耀。我曾听过一个人在祈祷会上祷告说,他十分感谢自己是上帝的贫穷子民。我听到后不禁心里暗想:这个人的太太要是听到先生这么胡言乱语,她肯定会认为自己嫁错了人。

我不想再见到这种贫穷的子民,我想上帝也会跟我有同样的观感!如果某个原本应该很富有的人,却因为懦弱无能而贫穷,我敢肯定,他必然犯下了极端严重的错误:他不仅对自己不忠,也愧对他的家人!

人生的成功不能用赚钱的多寡来衡量,但用金钱的多寡来衡量一个人对社会所做的贡献,总没有大错吧!你的收入愈多,你的贡献也愈多。一想到我已经使无数国民走向了富裕之路,便感觉自己拥有了伟大的人生。

我相信上帝铸出钻石是为了他的子民,而不是为了撒旦之流。我们不能在有违上帝的情况下赚钱或攫取别的东西,这是上帝给我们唯一的告诫,如果那样做只会让我们平添罪恶感。要获得大量的金钱当然无可厚非,但不能让金钱拖着我们的鼻子走,而是要以正当的方法来获得。

某些人因为不了解钱,所以没有钱。他们认为钱又冷又硬,其实不然,钱柔软而温暖,它会使我们感觉良好,而且跟我们所穿的衣服在色泽上也很相配的。

我之所以有今天,都是我过去的信念创造出来的。说心里话,"我应该是富翁,我没有当穷人的权利",是我自从感觉到人们是因贫穷才痛苦时就萌发的一个信念。随着时间的推移，这个信念越发变得坚硬如钢。

在我小的时候，正是拜金思想神圣化的时期，当时数以万计的淘金者怀揣发财梦从四面八方涌进加利福尼亚，尽管事后发现那场淘金热只是个圈套，它却大大激起了数百万人的发财欲望，这其中就包括我这个只有十多岁的孩子。

那时我的家境非常贫困，经常接受好心人伸出的援助之手。我的母亲是个自尊心很强的人，她希望我这个长子能肩负起建设好这个家庭的职责。我那种终身不变的责任感，就来自母亲的渴望与教诲。我不能一直贫穷，我要赚钱，我要用财富改变家人的命运，这是我当时立下的誓言。

在我少年时代的发财梦中，金钱对我来说，只是让家人过上富足无忧的生活工具。而通过把钱明智地花出去，金钱能换来远比豪华、气派的住宅和美丽、漂亮的服饰更令我激动的东西，那就是道德尊严和社会地位！

对金钱的理解，坚定了我要赚钱并成为富人的信念，而这个信念又激发我以无比的斗志去追逐财富。

我的孩子，没有比为了赚钱而赚钱的人更可怜和更可悲了。让金钱当我的奴隶，而不能让我作金钱的奴隶，这就是我的赚钱之道，我也是这样做的，因为，我并没有赚钱的罪恶感，反而具有赚钱的尊严感，越赚越满足。

爱你的父亲

1906年7月26日

第十九封 大野心决定大成就

亲爱的孩子：

我昨天听到一句话，觉得非常有意思，就赶紧写信告诉你，并想与你探讨这句话。那句话是："有野心的人才能成就大事"，这是我那位朋友，汽车大王亨利·福特先生昨天来看我时向我吐露的成功秘密。

对这个来自密西根的执着而又坚毅的富豪，我非常敬佩。他做过农活儿，当过学徒，与人合伙开办过工厂，几乎与我有着同样的经历，通过奋斗最终成了这个时代全美最富有的人之一。

在我看来，没有任何一个美国人能比得上福特先生，他完全改变了美国人的生活方式，缔造了一个新的时代。看看大街上往来穿梭的汽车，你就知道我不是在恭维他，是他把汽车由奢侈品变为了几乎人人都能买得起的必需品。他创造了奇迹，把自己变成了亿万富翁。当然，也让我赚了不少钱。

人活着，若没目标或野心，他就像一艘没有舵的船，永远漂流不定，只会到达失望、失败与令人丧气的海滩。福特先生要缔造一个人人都能享用汽车的世界，他的野心远超过了他的身高。虽然这有点难以想象，但他真的成了全球小汽车市场的主人，为福特公司赚得了惊人的利润，用他的话说，"那不是在制造汽车，那简直是在印刷钞票"。可以想象，既腰缠万贯，又享有"汽车大王"的盛誉，福特的心情是多么舒畅啊！

福特创造的成就，也证明了我的一个人生信条：财富与目标成正比。如果你胸怀大志并志存高远，你的财富之山就将高过云霄；如果你只想得过且过，即使财富离你近在咫尺，你也只能做末流鼠辈，一事无成。在福特成功之前，比他实力雄厚的汽车制造商大有人在，但他们当中很多人都破产了。

人是被有目的地创造出来的，一个人不是计划成功，就是计划失败。这是我一生的心得。

我从不缺少雄心壮志。在我很小的时候就有要成为顶级富豪的抱负与梦想，这对当时的我来说，好像有些自不量力。但我认为，目标必须伟大才行。因为想要有成就，就必须有刺激，伟大的目标能刺激你发挥全部力量。失去刺激，也就失去了推动你向前的强大力量。我经常这样提醒自己，不要做小计划，因为它不够刺激。

当然，成就伟大的机会也只能一点一滴地积聚，而不会像湍急的尼加拉瓜大瀑布那样倾斜而下。伟大与接近伟大之间的差异，就是能够领悟到，你如果期望伟大，就必须每天都朝着自己的目标努力。

但对于一个穷小子而言，这个伟大的目标怎样才能梦想成真呢？如果努力为别人工作，你会发现它是个愚蠢的主意。

我相信为自己而勤奋，会发家致富的，但不相信努力为别人工作就一定成功。在我住进百万富翁大街前，我就发现，在我身边，工作最努力的很多都是穷人。不管员工努力与否，替老板工作而变得富有的总是少数，现实就是这么残酷。在合理预期的情况下，替老板工作所得的薪金，让员工活下去当然不成问题，尽管有些员工会赚到不少钱，但想变成富人却很难。

所以，我一直视"努力工作定会致富"为谎言，我不认为为别人工作能积累可观的财富，相反，我只相信为自己工作才能富有。为了忠于和实现我的伟大梦想，我会采取一切行动来达成目标。

在我离开学校并寻找工作的时候，我就为自己设定了要到一流的公司去成为一流职员的目标。因为一流的公司会给我一流的历练，并塑造我一流的能力，让我增长到一流的见识，还会让我赚到一笔丰厚的薪金，那是开创我未来事业的资本和通往成功之路的坚实基础。

所以，我要去我仰慕的高知名度企业。因为，在大公司做事，能让我以大公司的方式思考问题，这一点非常重要。

怀揣这样的目标，注定我要多吃些苦头。我先到了一家银行，但被拒绝了；我又去了一家铁路公司，仍是悻悻而归，当时的天气也酷热难耐，似乎故意要跟我作对。我不顾一切，继续不停地寻找。那段日子，每天早上八点就出发，尽我所能地把自己打扮一番，就离开住地开始新一轮的预约面试，寻找工作似乎成了我唯一的职业。一连几个星期，我把列入名单的公司跑了一遍，结果仍一无所获。

这看起来的确很糟，但没人能阻止你前进的道路，阻碍你前进最大的敌人就是你自己，你是唯一永久能做下去的人。我告诫自己：在被挫折击倒后要立即站起来，如果不想你的梦想被别人偷走。连续的挫折反而更坚定了我的决心，我没有沮丧与气馁，又从头开始，一家一家地跑，有几家公司甚至让我跑了两三次。

上帝并没有抛弃我，终于，六个星期后的一个下午，这场不屈不挠的求职之旅总算结束了，我被休伊特-塔特尔公司雇佣，那一天是1855年9月26日，这是个非常值得纪念的日子。

这一天似乎决定了我未来的一切。直到今天，每当我问起自己，要是没有得到那份工作会怎么样时，我常常会不寒而栗。因为我知道那份工作给我带来了什么，失去它我又将如何。所以，我一生都把9月26日当作"重生日"来庆祝，它的重要性远胜过我的生日。

写到这儿，我被自己感动了，以至热泪盈眶，但是我真愿意沉浸在这幸福的回忆之中。

在人生道路上，人就像是一部脚踏车，如果你不向上和向前朝着目标移动，你就会摇晃跌倒。三年后，我离开了休伊特-塔特尔公司，带着超常的能力与自信。然后，我与克拉克先生合伙创办了克拉克-洛克菲勒公司，开始了为自己工作的历史。

愚蠢地努力工作，在百般辛苦之后很可能仍一无所获，但是，如果将替老板努力工作当作铸造有朝一日为自己效劳的阶梯，那无疑就是创造财富的开始。给自己当老板的感觉无与伦比，真是棒极了。虽然我年方18岁就跻身贸易代理商的行列，我并没有一直沉浸在那种得意与喜悦之中，我告诫自己："你的人生终点是全美首富，你的前程与过去的每个日子紧密相连，你要继续为自己努力，才能靠近你的目标。"

我努力的依据和鞭策自己的力量来源于做最富有人的目标。追求卓越，一直是我过去几十年的信念，我最常激励自己的一句话就是：对我来说，第二名跟最后一名是一样的。如果你理解了它，你就会认为，我以无可争辩的王者身份统治了石油工业就不足为奇了。

我们每一个人都生活在希望之中，但我更多的是生活在目标的实现之中。成为第一就是我的人生目标，也是我设定并努力遵守的人生规划，我付出的所有努力和行动，都为了忠实于它。

上帝赋予我们聪明的头脑和坚强的肌肉，是让我们成为伟大的赢家，而不是让我们成为失败者。二十年后的今天，我们那个欢乐的大家庭已经被联邦法院宣布解散，但想起我创造的成就，我还是兴奋不已啊！

伟大的人生伴随着征服卓越的过程，我们必须做好在漫长道路上跌跤的准备，这就是我几十年来的人生感悟，我把它讲给你，是希望你能继承并发扬这些传家宝。不怕痛苦，态度坚决，向这个目标前进，才是我们应该持有的准则。

爱你的父亲

1931年3月15日

第二十封 冒险才有机会

亲爱的孩子：

我来信告诉你一件事情，不知你有什么看法。

明天，也许就在今天，有一个叫大卫·莫里斯的人，就要过上富人的生活了。这个人与美国独立战争时期的财政总监、费城商业王子罗伯特·莫里斯先生同姓，他刚刚在赌场赢了一大堆钱，报纸说他是一位赌场上的高手，同时登出了这位赌徒的一句人生格言：好奇才能发现机会，冒险才能利用机会。

我对嗜赌的人一向不以为然，这你是知道的，但对这位先生我却刮目相看，我甚至相信，以他那相当于哲学家般的智慧和头脑，如能投身商界，他或许会成为一个商业上的成功者。

我做这样欣赏性的假设，并不意味着优秀的赌徒就会成为优秀的商人。实际上，我厌恶那些把商场视为赌场的人，但我不排斥冒险精神，因为我懂得一个法则：风险越高，收益越大。生活提供给每一个人最伟大的历险活动就是驰骋商海。

我的人生就是一趟丰富的冒险旅程，打入石油工业就是一次对我最具决定性与最关乎我未来的冒险活动。

在投资石油工业前，我们正有声有色地做农产品代销，继续下去我完全可以成为大中间商。但那位照明方面的专家，就是安德鲁斯先生改变了这一切。他告诉我："约翰，煤油必将代替其他的照明油，因为它燃烧时发出的光亮比别的照明油都亮。想想吧！约翰，我们的双脚若能踩进那么大的市场，那将是多么美妙啊！"

拥有的东西越多，我的力量就越大。既然机会来了，就绝不能放走它，否则，损失的不仅仅是金钱，还会削弱我在致富赛场上的力量。我便告诉安德鲁斯：我干！我们投资了对我们来说是很大的一笔钱，即四千块钱，做起了炼油生意。虽然那个时候石油造就了许多百万富翁，但它也使更多的人沦为了穷光蛋。但钱投下去，我就不再去考虑失败了。

炼油生意在我的苦心经营下，不到一年，就为我们赢得了超过农产品的利润，成了公司第一大业务。在那一刻我意识到，是胆量与冒险精神为我开辟了一条新的生财之道。

当时什么行业能像石油业那样能一夜暴富呢？这样的前景刺激了我赚大钱的欲望，给了我盼望已久的大展宏图的机会。我告诫自己："你一定要全力抓住它，它会帮你实现自己的梦想。"

但我随后向石油业大举扩张的经营战略，却极大地惹恼了我的合伙人克拉克先生。克拉克害怕失败，主张采取审慎的经营策略，这与我的经营理念完全相反。在我眼里，金钱像粪便一样，如果你把它洒出去，就可以做很多的事，但你要把它藏起来，它就会臭不可闻。在我看来，克拉克是一个无知、自负、软弱与缺乏胆略的人，他不懂得金钱的真正价值，无法做一个好商人。

当我们在许多重要的事情上都无法沟通时，我们的合作也就走到了末路。克拉克已经成了我成功之路上的绊脚石。我必须踢开他，和他分手。这对我很重要。

想获胜就必须了解冒险的价值，必须有创造运气的远见。与克拉克先生分手，对我来说也是一场冒险，因为我必须在决定豁出去进入石油业之前，坚信石油不会消失。但那时候，很多人认为石油是昙花一现，难以持久。我当然不希望油源枯竭，否则，我的投资将一文不值，我的下场可能连赌场上的赌徒都不如。但我收到了让我乐观的信息，那就是油源不会消失。

在和克拉克先生摊牌前，我先私下见了安德鲁斯先生。我跟他说："我们要走运了，有一笔大钱在等着我们，我与克拉克兄弟的合作要结束了，你愿意和我一起买下他们的股份吗？"安德鲁斯没有让我失望。几天后，我又得到了几家银行的支持。

当年二月，在经过精心准备之后，我的去意已决，便向克拉克先生提出分手，尽管他很不情愿。最后，我们大家商定把公司拍卖给出价最高的买主。

想起那次拍卖场的情况，直到今天还让我激动不已，那一场豪赌让我惊心动魄并全神贯注，我押上去的是金钱，赌出来的却是我的人生。

公司从五百元开拍，一会到几千元，而后又爬到五万元，这个价格已经超出了我对炼油厂的预算投资。但竞拍价格还在涨，开始突破六万，直到飙到七万。我开始恐惧，我担心自己是否能买下这个由我亲手缔造的企业，我是否出得起那么多钱。但我很快冷静下来，我急切地告诫自己："不要畏惧，既然下了决心，就要勇往直前！"竞争对手接着报价七万两千元，我没犹豫，报价七万两千五百元。这时，克拉克先生站起来，大喊："我放弃了，约翰，它归你了！"

亲爱的孩子，在那决定我一生的时刻，我能感受到它非比寻常的意义。

我把代理公司的一半股份和七万两千五百元都给了克拉克，这个代价有点高昂，但我却赢得了自由和光明的未来。我成了自己的主人，为自己打工，不必再担心那些目光短浅的庸徒来阻挡我的道路了。我21岁时就跻身于世界最大炼油商之列，拥有了科利佛兰最大的炼油厂。今天想来，这个每天能吃掉五百桶原油的油厂，就是我走向石油霸主之路并征服石油王国的利器。十分感谢那场让我开始人生成功的竞拍，它让我学到了很多东西。

安全第一是不可能让我们致富的，要想获得好的报酬，就得冒必要的风险。人生也是一样。

保持现状是不可能的，不进则退，事情就是这样。我相信，谨慎不是完美的成功之道。无论我们做什么，我们都必须在冒险与谨慎两者间择一。而有时候，靠冒险获胜的机会要比谨慎大得多。

商人就是为了追求利润和财富。因此必须要靠创造资源或取得他人的资源，甚至逼迫他人变卖资源来为自己所有，而冒险，就是商人征战商场必不可少的手段。

大胆筹划，小心实施，是既冒险而又不招致失败的技巧，这更是我们经验总结，你要记住这一点，那么，你就能稳稳地驾驭人生的风浪了。

爱你的父亲

1936年11月2日

第二十一封　把侮辱变成动力

亲爱的孩子：

我来信息想告诉你，你与摩根先生谈判时沉稳应对、言辞得体并不失教养的表现，令我和你的母亲都感到非常惊喜。我们没有想到你竟然有勇气同那个盛气凌人的华尔街最大钱袋对抗，并彻底控制住他。感谢上帝，能让我们拥有你这样出色的孩子，作为你的父母，我们真感骄傲。

我想你是对的，你在信中告诉我摩根先生待你粗鲁无礼，是有意想侮辱你。事实上，他不过是想报复我，让你替我受过罢了。

这次摩根提出要和我结盟，是害怕我会对他构成威胁，而不是真的愿意和我合作，关于这点你是知道的。我和他就像跑在两条路上的马车，彼此谁都不喜欢谁。我讨厌见到他那副趾高气扬与傲慢无理的样子。我想他见到我肯定也觉得不舒服。

摩根先生知道我看不起华尔街，我更不害怕他的威胁，但他毕竟是个商界奇才，他知道要想实现统治美国钢铁行业的野心，就必须与我合作，否则，我们之间只能是你死我活的竞争。

作为一个善于思考和善于行动的人，摩根先生知道他必须祛除傲慢与偏见，不能让自己的个人偏见妨碍自己的成功。所以，尽管他不想同我打交道，但他还是问我，是否可以在标准石油公司的总裁办公室与他会面。

在谈判中能坚持到最后的人一定会捞到好处，所以我告诉摩根："我已经退休了，你同意的话我会在家中恭候你。"他果真来了，这对他显然是有些屈尊。但他更想不到的是，当他提出具体问题时我会说："很抱歉，摩根先生，我已经退休了，我想我的儿子会很乐于同你谈那笔交易。"

傻瓜也能看出来，我在公然羞辱摩根，但他还是很克制地告诉我，希望你能到他华尔街的办公室去谈。我答应了。

结果，为解心头之恨，摩根先生反倒让你给控制住了！看来他还是不懂得这个对他人的报复，就是对自己攻击的道理。尽管摩根先生耿耿于怀我对他的公然侮辱，但他能始终将目光放在要达成的目标上，还是令我非常欣赏的。

我的孩子，生长在这个追求尊严的社会中，你知道蒙受侮辱对于一个热爱尊严的人来说意味着什么吗？但在很多时候，无论你是谁，即使是我们的总统都无力阻止来自他人的侮辱。

那么，在盛怒中的我们是该反击并捍卫尊严呢？还是宽容相待并大度相对呢？或者是用其他方式来回应呢？

你也许记得，我一直珍藏着一张我中学同学的多人合照，但里面没有我，有的只是富家子弟。几十年过去了，我依然珍藏着它，我难以忘记拍摄那张照片的情景。

那天下午的天气不错，老师告诉我们说，有一位摄影师要来拍学生上课时的情景。对一个穷人家的孩子来说，照相是种奢侈，当然我照过相，只是很少。摄影师一出现，我便想多点微笑和多点自然，好让自己帅帅的被摄入镜头，甚至开始想象如同报告喜讯一样回家告诉母亲："妈妈，摄影师给我拍照了，棒极了！"

我兴奋地看着那位弯腰取景的摄影师，希望他早点把我拉进相机里，但我失望了。那个摄影师好像是个唯美主义者，他直起身，用手指着我，对老师说："你能让那位穿戴寒酸的学生离开他的座位吗？"作为一个弱小的学生，我无力与自己的老师抗争，只能默默起身离开，为那些穿戴整齐的富家子弟制造美景。

　　在那一刻，我感觉我的脸在发热，但我没有生气，也没有叹息，更没有暗暗埋怨我那穷苦的父母，事实上为了我能受到良好的教育，他们已经竭尽全力了。看着在那位摄影师调动下的拍摄场面，我在心底攥紧双拳，向自己郑重发誓：总有一天，我会成为世界上最富有的人！让摄影师给我照相算什么！我要让世界上最著名的画家给我画像，那才让人骄傲！

我的孩子，我的誓言已经实现了。在我眼里，侮辱一含的词义不再是剥掉我尊严的利刃，而是变成一股强大的和排山倒海的动力，催我奋力去追求一切美好的东西。可以这么说，是那个摄影师激励着一个穷孩子成了世界上最富有的人。

　　每个人都有享受鲜花喝彩的时候，那也许是在肯定我们的成就，也许是在肯定我们的品质、人格与道德；也有遭受攻击与侮辱的时候，除去恶意，我们之所以被侮辱，跟自己的能力欠佳有很大关系。这种能力可能与自己的为人处世有关，总之不能让他人尊重。所以，我想说，受辱不是件坏事，如果你懂得冷静反思，就可能认为侮辱是测量能力的标尺，我就是这样做的。

　　我知道任何轻微的侮辱都可能伤及尊严，但是，尊严不是靠天赏赐或别人给予，而要由自己缔造。每个人的尊严都属于他自己，你自己认为自己有尊严，你就有尊严，尊严是你自己享用的精神产品。所以，如果有人伤害你的感情或你的尊严，你只要不为所动就好了。如果死守着尊严不放，那受伤的人只能是自己。

我的孩子，你与你自己的关系是任何关系的开始，当你相信自己，并与自己和谐一致时，你才能做到宠辱不惊，这就是我们对待万事万物的超然态度。

爱你的父亲

1901年2月27日

第二十二封　用实力与对手较量

亲爱的孩子：

我来信向你汇报一下情况：今晚我会见了作为调解人的亨利·弗里克先生，我请他转告摩根先生，摩根先生的想法是错误的。我告诉他："正像我儿子跟摩根先生讲的一样，我还不那么着急卖掉联合矿业公司。你猜测的也没错，任何有价值的企业我都不会去阻止它的建立。但是，摩根先生想错了，他妄图居高临下，以价格将我们排斥在外，我是坚决反对的，我宁可血本无归也不会做这样的生意。"

孩子，看来你还得继续和摩根先生打交道，尽管那是个讨厌的家伙。因此，我想给你点建议，让那个目空一切的家伙尝尝这么做的后果。孩子啊！搞不清楚自己到底是干什么的，是很多人都常犯的错误。其实，不论你是经营石油、地产，或是做钢铁生意，还是做总裁或做雇员，无论从事哪一个行业，都需要跟人打交道。谈判也一样，和你开战的是人，而不是那桩生意。

所以，知己知彼，才能百战不殆。你需要知道，准备是游戏心理的一部分，你必须了解对手并了解自己，才能战胜对手。如果你想拥有压倒性的优势，你必须知道：

第一，整体环境：市场状况如何，繁荣程度如何；第二，你的资源：你的强项和弱点，以及你的资本；第三，对手的资源：对手的资产状况如何，他有哪些优势或劣势。在所有的竞争中，了解对手的优势，也是谋划大战略的重要因素之一；第四，你的目标和态度：太阳神阿波罗的座右铭只有"人贵自知"四个字。你要了解自己的目标以及具有实现目标的决心，要明确你是相信自己，还是怀疑自己，要知道自己在精神与态度上的优劣。孩子啊！你要记住我的一句话：坚信自己，你才会变得越来越高明，积极的心态能帮你创造成功；第五，对手的目标和态度：对手的目标要尽量判断准确，而设法深入了解对手的内心和想法也同样重要；第六，预测和了解对手：毋庸置疑，这是最难实现和利用的，但你一定要尽力去实现。尽力了解对手的性格和习惯，是那些伟大的军事将领大多都有的一个爱好，以此他们就能对敌人可能进行选择和行动方向做出判断。能够了解对手和竞争者，在所有的竞争活动中，总是最富成效的，这样你就可以预测对手的动向。俗话说，"预防胜于治疗"，主动与预见性的措施总比被动反应有效，且更有力量。

有时候，你的竞争对手如果是熟人，那这个优势你就要多多利用。如果他为人比较谨慎，那你就需要多加小心；如果你觉得他比较冲动，那你就必须要果敢决断，否则被逼上绝路的人就可能是你。不是非得熟识对手，才能了解他们。在谈判桌上你就可以发现很多有价值的东西，如果你能细心观察的话。善于谈判的人应该善于观察一切。要提前了解对手，如果一切都开始了才开始，就为时已晚了。

我们所说的话可能透露或掩饰自己的心意，但我们的选择却总会泄露自己内心的秘密——想法。每个人所做的第一个选择，也是泄露真相的第一个动作。在谈判中你必须了解自己在说什么，如果你真的能掌控一切，就应该能够把握自己，说出有利于自己的话。

同样的，对于对手所发出的信息，你必须时刻保持警惕。如果真能这样，你就可以持续掌握明确的优势。如果做不到的话，你就可能丧失另一个机会。你必须认识到，在一场竞争激烈的谈判中失败，就意味着能赢得下次谈判的希望就更加渺茫。知道什么能交易和什么不能交易，才能掌握交易的秘诀。摩根先生想把我们当作墙角里的垃圾清扫出去，可我们要坚决留在地板上。这是不可以商量的。同时，他给的价钱太低了也不行。但你也要知道，做生意要大家都有钱赚，你绝对不可能吃干喝净，也要留一点肉汤给别人嘛。

孩子，你知道，是因为这笔交易显而易见对我们有利，我们才愿意做这笔交易。但是，这种观点明显过于狭隘，你大可不必受它的束缚。有太多的"聪明人"希望用最低的价格买到东西，他们认为自己的目的不是在交易，只是在捡便宜。这次摩根一方给出的价格比实际价值低过百万，如果他只想这样做交易的话，他会因此失掉这个可以让他登上美国钢铁行业霸主地位的机会。用别人想要的东西来换取你想要的东西，这才是交易的真谛。

完成一笔好的交易，强调其价值是最好的方法。很多人常会犯强调价格、而非价值的错误，说什么："这的确很便宜，是最低价格了。"不错，谁都不愿意价钱出得高了，但是在底线之上，人们更希望得到最高的价值。孩子，你在与摩根先生谈判的时候，若涉及金钱，你首先要提供给他的是物品的宝贵价值，强调他从你这里能够买到的是什么，而绝对不要先提金额。人经过努力是可以改变现状，并达到新的与更美好的境界，我永远都坚信这一点。从你占用摩根先生的事情看来，你是不是深有体会呢？

爱你的父亲

1901年2月27日

第二十三封　合作共生，竞争共赢

亲爱的孩子：

　　我最近一直在思考一个问题，于是就赶紧写信告诉你，那就是我相信后人一定会永远记住那个伟大的时刻，即你与摩根先生的握手，这可谓是美国经济史上最伟大的一次握手。正如《华尔街日报》所说，它标志着"一艘由华尔街大亨和石油大亨共同打造的超级战舰已经出航，它将势不可挡，永不沉没。"

　　你知道这叫什么吗？这就是合作的力量，我的孩子。

　　在那些井底之蛙眼里，合作或许是件软弱或可耻的事情，但在我看来，只要结果对我有利，合作永远是聪明的选择。现在，我很想让你知道这样的事实：

　　我之所以能成就今天的伟业，抛开上帝的原因，可以将其归功于三大力量的支持：

　　第一大力量来自于按规则行事，企业靠它才得以永续经营；

　　第二大力量来自于残酷无情的竞争，它会让每次竞争的结果更趋于完美；

　　第三大力量则来自于合作，合作可以让我取得利益并捞得好处。

　　而我之所以能一直跑在竞争者的前面，就在于我懂得走捷径，即与人合作。在我通往财富之旅的每一站，你都能看到我与别人合作的站牌。在任何时候，任何地方，只要存在竞争，谁都不可能孤军奋战，除非他想自寻死路，这是我踏入社会第一天起就知道的。聪明的人会与他人包括竞争对手形成合作关系，借他山之石，使自己生存下去或强大起来。

如果一份牛排自己可以吃掉，那就没有必要与他人分享，但假若自己没有能力吃掉它，就需要其他人来分享了。

我们可以假设一下：如果我们没有与摩根先生联手，我们双方就很可能会鹬蚌相争，而我们的对手卡内基先生则会成为那个渔翁，继续保持他在钢铁行业的一枝独秀。但现在，卡内基先生一定是痛不欲生了，想想看，除了躺在坟墓里的死人，谁会在对手蚕食自己领地的时候还能无动于衷呢？

合作并不见得全是为了追求胜利，有时候，合作还可以压制对手或让对手出局，也可以让自己向目标更快地迈进。遗憾的是，大多数人并不了解其中奥妙。

但是，与友谊、爱情和婚姻不同，合作的目的不是去获取情感，而是要捞得利益和好处。成功有赖于他人的支持与合作，这是我们应该知道的。在我们的理想与我们自己之间，有一道鸿沟，要想跨越这道鸿沟，就必须依靠别人的支持与合作。

当然，我一直认为，建立在生意上的友谊远胜过建立在友谊上的生意，所以我从不拒绝与生意伙伴建立友谊，就好比我与亨利·弗拉格勒先生的合作。作为我永远的知己和最好的助手，与亨利结盟，我不仅得到了投资，而且还得到了智慧和心灵上的支持。从不自满且雄心勃勃的亨利，同我一样，成为石油行业的主人一直是他的梦想。直到现在，我还记得我们开始合作时的情景，那时候除去吃饭和睡觉，我们几乎形影不离，我们一同上班、下班，一同思考，一同制定计划，相互激励并彼此坚定决心。就如同欢度蜜月一样，那段时间永远是让我感到愉快的记忆。如今，几十年过去了，我们依然亲如兄弟，这份情感是用多少钱也无法替换的。我一直让你叫他亨利叔叔而不是亨利先生，也正是这个原因。

友谊是不能用金钱买来的，所以我从不尝试去买卖友谊，友谊的大树需要真情的浇灌。与亨利之间不悔的合作和永远的友谊，不仅仅在于我们拥有共同的利益，更重要的是，我们都能做到严于律己，我们都懂得要想让别人怎么待你，那么你就怎么待别人，都知道从现在做起的价值。

"己所不欲，勿施于人"，既是我的行为准则，又是我对合作所持有的明智态度。所以，对处于弱势的对手，我情愿与他们促膝谈心，而不愿意摆出骄横傲慢的姿态以财势欺凌、压服他们，否则，我宁愿毁了我们之间的合作，让目标停止在中途，也不愿去做违背良心的事。

当然，若遇到傲慢无礼的人，我也总忘不了要羞辱他们一番。例如，我就曾教训过纽约中央铁路公司的老板范德比尔特先生。

出身贵族的范德比尔特先生，在南北战争中立过战功，享有将军头衔。他把战场上得到的荣誉当作了生活中目空一切和狂妄自大的资本，并自以为把持着运输大权，总把别人当成打短工的。

有一次，亨利找到他要谈运输的事情，可这个傲慢的家伙竟然说："年轻人，你要与我谈？你的军阶似乎低了些！"亨利从未受到过这样的侮辱，还好那一刻良好的教养帮了他，他没有失态，但回到办公室，他那个漂亮的笔筒却遭了殃，被他摔了个粉身碎骨。

"亨利，忘了那狗屎说了什么吧！我一定会为你讨回尊严的。"我不停安慰他。

后来，范德比尔特急着要与我们做生意，请我们到他那里去谈判，"可以，但你要到我们的办公室来谈。"我是这么对他说的。结果，这位习惯了别人曲意奉承的将军，只得屈尊来见比他小四十多岁的年轻人，最后还得屈从两个年轻人提出的条件。

就在那一刻，我想，范德比尔特将军应该能明白这样一个道理：往上爬的时候要对别人好一点，因为你下坡的时候可能会碰到他们。我从不以粗暴的态度对待人，因为我明白，耐心、温和地对待下属和同事，更有利于实现目标。我还知道，钱可以买到人才，却不会买到人心，但如果在付钱的时候附之以尊重，他们就会对你忠心效命，这就是我能建立起高效管理队伍的成功所在。

但你如果因此就认为合作就是做好人，你就错了。不！合作绝不是做好人的问题，而是相处和利益的问题。合作只是一种获取利益的战术，任何结盟都不可能永远持久。当环境发生变化的时候，战术自然也要随之改变，否则，你就会输得很惨。现实是严酷的，你必须更严酷才能生存。可是，这并不妨碍你做个好人。

孩子，生命的本质就是那激动人心的斗争和竞争，但是，当它发展为冲突时，就往往具有毁灭性和破坏性，此时只有合作才能适时地化解它们，才能共生共赢，才能走出发展的道路。

爱你的父亲

1901年5月16年

第二十四封　想法决定活法

亲爱的孩子：

今天，我体味到了一种美妙的感受，那就是芝加哥大学学生对我热烈与真挚的爱戴，真是美妙极了。姑且将其视为对我创建这所学府的回报吧！不过，这真是让我欣喜若狂啊！因此便写信与你分享。

平心而论，我投资创建这所大学的初衷，只是想在优秀文化的传承上给青年一代做些什么，为造就青年一代的美好未来做些什么，而从未奢望在那里受到圣人般地礼遇。现在看来，我的目的达到了，这是我一生中最成功的投资。

芝加哥大学的青年人非常可爱，他们对未来充满了美好地憧憬，都立志要成就一番事业。他们当中几个尚带稚气的男生跑来向我说，我是他们的榜样，真诚地希望我能给他们一些建议。我接受了他们的请求，对那些未来的"洛克菲勒"，我忠告他们：

> 不要用一个人身高、体重、学历或家庭背景来衡量他的成功与否，而要以他思想的"大小"来品评。我们思想的大小决定我们成就的大小。人类最大的弱点就是自贬，亦即廉价出卖自己。我们要自己看重自己，这是其中最重要的一条。要将你们的思想扩大到自己真实的程度，就绝不要看轻自己，其实你们比想象中的还要伟大。

这时，突然响起的掌声把我彻底俘虏了，我有点得意忘形，开始管不住自己的舌头，继续说道：

几千年来，有太多的哲学家都忠告我们：要认识自己。但是，大部分的人都认为它仅仅是提示要认识自己消极的一面，因此，大部分的自我评估都包括太多的缺点、过失与无能。能够认识自己的缺失当然很好，可以借此谋求改进并更上层楼。但是，如果我们只能认识自己消极的一面，就会觉得自身没有任何价值，就会陷入混乱。

当一个人对自己的看法，与别人对他的看法相同时，对一个渴望别人尊重的人来说，真是太残酷了。我们都会享受到那种"我们自以为是怎样"的待遇。一个人不管他的实际能力如何，如果自以为比别人差一截，那他一定会比别人差一截，这是因为思想本身能调节并控制各种行动的缘故。

如果一个人自己觉得比不上别人，他就会在行动上表现得真的不如别人，而且这种感觉无法掩饰或隐瞒。于是，那些自以为"不很重要"的人，就真的会成为"不很重要"的人。

反之，那些相信自己具有"承担重大责任能力"的人，就真的会变成一个"很重要"的人物。所以，如果你们想成为重要人物，就必须首先在心底承认"我确实很重要"，而且要真正地这么觉得，别人才会跟着这么想。

你怎么思想将决定你怎么行动，你怎么行动将决定别人怎么看你，这是每个人都无法逃脱的一个定理。获得别人的尊重其实跟制定自己的成功计划一样简单，要想得到他人的尊重，你们必须首先觉得自己确实值得人敬重，而你们越敬重自己，别人也就会越敬重你们。

试想一下，那些游荡在破街旧道上的人，你们会敬重他们吗？当然不会。为什么？因为那些流浪汉根本不看重自己，他们只会自甘堕落，任由自卑感侵蚀自己的心灵！

自信是人格的核心，你们认为自己是什么样的人，你们就真会成为什么样的人。

每一个人，都有成为重要人物的强烈欲望，而无关他的身份、名气、知识与年纪等。你们把身边的每一个人，即邻居、自己、老师、同学和朋友，仔细地分析一下，有谁没有希望自己成为重要人物的强烈要求呢？全都有吧！这种需求其实是人类最强烈、最迫切的一种目标。

但是，为什么这个本可以实现的目标，对很多人来说，却变成了永远无法实现的黄粱美梦呢？我认为，这跟自己的态度有必然的联系。态度决定着我们的选择和行动，是每个人思想和精神因素的物化。在这个意义上说，态度是我们最好的朋友，同时也是我们最大的敌人。

我承认，我们不能左右风的方向，但我们可以调整风帆即心态的改变就是命运的改变。一旦你们选择了看重自己的态度，就会把那些"我是个没用的人、我是个无名小卒、我一文不值"等等贬低自己、消磨意志、蜕化信心和自暴自弃的懦夫想法抛诸脑后，取而代之的，则是心灵的复活。心灵一旦被唤醒，你们就会积极改变自己的思维和行为方式，并不断增强信心，就会以"我能！而且我会！"的心态面对一切。

小伙子们！那些觉得自己不重要的人，都是自暴自弃的普通人。如果你们当中有谁曾自己骗过自己，就请从此停止吧！要先摸清楚自己的各种资产——优点，任何时候都不要自贬，要时刻问自己："我有哪些优点？"在分析自己的优点时，也不能太客气！

你们要集中发展自己的长处，告诉自己你们比想象的还要好。做事情要有远见，未来是向前发展的，不要单纯看现在的状况，对自己要有远大的期望。要随时记住这个问题："重要人物会不会这么做呢？"这样你们就会渐渐为成成功的大人物。

孩子们，成功的道路由黄金铺就，然而这条道路却只能前进不能后退。此时此刻，我们就需要一种乐观的态度。哲学家常把乐观叫做"希望"，这是对乐观的曲解！所谓乐观，就是一种信念，就是相信即使不如人愿的事屡屡发生，生活终究是乐多苦少，乌云后面依然是灿烂的晴天。

约翰，你知道吗？在短短十几分钟的即兴演进中，我居然获得了八次掌声。遗憾的是，过多的掌声也干扰了我的思路，把我的一个重要的观点赶跑了，那就是提高思考能力，可以帮助他们提高自己行动的水准，使他们因而更大有作为。不过，我还是很高兴，我的舌头还是很有魅力的啊！

爱你的父亲
1897年7月19日

第二十五封　珍惜时间和金钱

亲爱的孩子：

最近我很难过，我也想让你分担我的心情。查尔斯先生永远地离开了我们，作为一名虔信上帝的人，查尔斯先生一直是位乐善好施的基督徒，他从不吝啬用自己辛勤赚到的钱去救助那些处于贫困噩梦中的同胞，因为他的仁爱和无私，我相信上帝会在天堂欢迎他的。

能与这样真挚的灵魂相伴，是上天赐予我的福气。能与像查尔斯先生这样的合伙人共事，是我一生的荣幸。虽然，查尔斯先生那缩手缩脚和胆小怕事的性格，常常让他与我在许多事情上不能合拍，但这丝毫不会减少我对他的尊重。对高尚之人不能尊重，就是在剥夺自己做人的尊严。

当年，公司最高管理层有共进午餐的习惯，每到吃饭的时候，我都会把象征公司核心地位的座位留给他，虽然我才是公司最大的股东，但不这样就难以表达我对他正直人品的敬意。高尚的道德本该受到褒奖，就一个整体而言，虽然这只是个不足为道的细节，但这样一个细节却可能影响到整个公司，甚至影响到公司的业绩。

事实上，作为一群正直的人，标准石油公司的合伙人都懂得彼此尊重、信任与团结一心对合作的可贵和重要，都在努力使之变成现实。所以，即使出现分歧，我们只会就事论事和坦坦荡荡，从不钩心斗角，或搬弄是非。在这种纯洁的氛围中，我相信，即使有人想打什么坏主意，也只能把他的邪恶心思留在家里。

标准石油公司之所以能强大到令对手敬畏的程度，这是原因之一，还有一个最重要的因素就是我们将精诚协作当成了自己的生命，而查尔斯先生在这方面总是身体力行，堪为表率。

作为公司的引领者，我在一次董事会上曾真诚倡议："作为一家人，我们是共存共荣的，我们坚强的手掌托起的是我们共同的事业。所以，我建议大家，以后请不要说'我'应该做什么，而要说'我们'应该做什么。我们是合作伙伴，不论做什么事都应该是为了我们大家的利益，千万别忘记这一点。"

查尔斯先生被我的发言打动了，他第一个回应我："先生们，我明白了，比起'我'来说，'我们'更重要。约翰的意思没错！我们是一家人！是应该说'我们'！"

在那一刻，我可以想象标准石油公司的伟大未来，因为我们已经开始忠于"我们"了。别忘了，人都是自私的，忠于自己是每个人的天性，"我"是每个人心中的最爱。因此，当"我们"取代"我"的时候，它将焕发出不可估量的作用。我之所以能取得巨大成就，就在于我能首先对"人"有所经营即所有的人。

我与查尔斯先生有着共同的信仰，我们都是虔诚的基督徒。"珍惜时间和金钱"，这是我和查尔斯先生都非常喜欢的一句格言。对于这样一则凝聚了伟大智慧的箴言，我相信绝大多数人都会喜欢它，但要将其变成自己的思想信念和价值信条，并永远融入自己的血液中，能做到的人却很少。

是的，无论一个人能记住多么丰富的妙语箴言，也无论他的见解有多高，如果不能利用每一个确实的机会去行动，其性格都不可能得到完美地塑造。失去行动的意图，再美好也终将是一场虚幻。

差不多所有的人都知道，能够有效地利用时间，才能构筑幸福的生活与实现成功。然而，在很多人那里，他们把时间看作是敌人，他们消磨它，抹杀它。但如果有谁偷走他们的时间，他们又会怒气冲冲，因为毕竟他们也明白，时间就是金钱，更重要的时间还是生命。虽然如此，他们就是不懂得如何利用时间，这真是令人遗憾啊！

事实上，善用时间总比哥伦布先生发现美洲容易吧？只要我们对每一天乃至每一刻都做出计划，并知道自己该思考什么，该如何采取行动，时间就不会白白地浪费。

计划是我们顺应每天情况而生活的依据，它能显示出其可行性。而要制订完美的计划，首先要确认自己的理想和目标。当然，每项计划都必须有措施，还要能监督成果。有价值的计划必须付诸行动并富有成果。当然，创造力、自发精神和信念可以化腐朽为神奇，从而突破计划的限制，所以，千万不要被计划所限制。

人生的每一刻都是关键，每一个决定都会影响生命的进程，所以，在如何下决心上，我们也要注重策略。当遇到重大问题时，不应该太快地下定决心，如果没有想好最后一步，就先别急着迈出第一步。要有促进计划成熟的耐心，因为我们总会有时间思考问题并付诸行动的。但是如果你已经作出决定，就应该像勇敢的斗士那样，毫不犹豫地去执行。

赚钱不会让你破产，是查尔斯先生的致富圣经。在一次午餐会上，查尔斯先生将他的赚钱哲学公之于众，当天，他那富于激情的演讲，激励了我们每个人。他告诉我们：世界上有两种人永远不会富有：

第一种是及时行乐者。光鲜亮丽的生活是他们的最爱，像苍蝇逐臭般，他们挥霍无度，对奢侈品兴趣盎然，精美的华服、昂贵的汽车、豪华的住宅，以及价格不菲的艺术品，都是他们竭尽所能要拥有的。这种缺乏理性的生活的确迷人，但及时行乐者却很少有这样的警惕，他们只不过是在给自己增加负担而已，长此以往，他们会成为可怜的车奴、房奴，以致成为他们自己的奴隶，可如一旦破产，他们就全完了！

第二种是喜欢存钱的人。把钱存在银行里当然比放在钱包里保险，但那跟把钱冷冻起来有什么区别呢？要知道，光靠利息是不能发财的。

但是，有一种人会成为富人，比如在座的诸位。你们不会去寻找花钱的方法，你们寻找的是培养和管理各种投资的方法。你们会把钱拿来投资，创造更多的财富，因为你们知道财富可以拿来产生更多的钱财。但你们必须要做到，让每一分钱都能带来收益！每一分钱都要让它物有所值，这也是约翰一贯的经商原则。

查尔斯先生的演讲博得了热烈掌声，我的热情也被他点燃，鼓掌时太过用力，以致饭后还觉得两个手掌在隐隐作痛。

以后，那种掌声再也听不到了，那种鼓掌的机会也不可能再有。但"珍惜时间和金钱"，会一直与我相伴。我不会给自己理由去浪费生命，浪费生命就等于糟蹋自己，世界上没有比糟蹋自己更可悲的了。生活的本身不是安逸和享乐，只有猪才会将其当作自己的理想。因此，我们要有更高的追求和价值。我相信你一定能将实现这种追求和价值的。

爱你的父亲

1914年6月21日

第二十六封　学会忍耐，等待机会

亲爱的孩子：

你来信告诉我你退出花旗银行董事会的事情，我非常感谢，这表明了你对我的信任。我知道你这样做是因为你已经无法继续忍受同仁们的某些做法，更不想继续屈从于他们，这说明你真的胸有大志。

但是，只有时间才能检验你的决定是否明智。理由其实很简单，如果你选择留在花旗银行董事的职位上，而不是主动放弃的话，或许你会得到更多的好处。

我知道，屈从是思想的大敌，也是自由的镇压者。然而，保持必要的屈从与忍耐，对于一个胸怀大志的人而言，恰恰是一条屡试屡验的成功策略。回首过去的几十年岁月，我忍耐过许多事情，也因为忍耐而得到过许多珍贵东西。

由于资金匮乏，在我创业之初，我的合伙人克拉克先生邀请他以前的同事加德纳先生入伙。有了这位富人的加入，就意味着我们有足够的资金做我们想做并有能力做的事情，对此我举双手赞成。

然而，克拉克在带来了一个钱包的同时，却送给了我一份出人意料的屈辱，那就是他们要把克拉克-洛克菲勒公司更名为克拉克-加德纳公司。加德纳出身名门，他的姓氏能吸引更多客户，这就是他们将洛克菲勒的姓氏从公司名称中抹去的理由。

我非常生气，这个理由极大地刺伤了我的尊严！同样是合伙人，加德纳带来的只是他那一份资金而已，凭什么他出身贵族就可以剥夺我应得的名分呢？但是，我还是忍下了，我告诉自己：要控制住你自己，要保持心平气和，现在只是开始，路还长着哪！

我装作若无其事的样子，镇静地告诉克拉克："这没什么。"事实上我是撒了谎。试想一下，一个遭受不公正待遇并自尊心严重受创的人，他可能这么宽容大度吗？我知道，忍耐会给我带来好处，所以理性之光浇灭了我心头燃烧着的熊熊怒火。

盲目的容忍与忍耐完全是两个概念。在那种情况下，你需要冷静地考量情势，明白你的决定是否会偏离或危害你的目标。我当然可以对克拉克大发雷霆，但这不仅有失体面，更重要的是，它会给我们的合作制造裂痕，甚至招致我被一脚踢出并从头再来的恶果。而团结则可以形成合力，让我们的事业越做越大，事业做大以后，我的个人力量和利益也必将随之壮大。

我知道自己要去向何方。在这之后我仍然一如既往并不知疲倦地热情工作。等到第三个年头，那位穷奢极欲的加德纳先生就被我成功地请出了公司，克拉克-洛克菲勒公司的牌子也重新竖立起来了！那时我已成为富人，人们开始尊称我为洛克菲勒先生。

在我看来，忍耐既不是忍气吞声，也绝非卑躬屈膝，而是一种策略，是一种能磨练自己性格，还可以孕育出好胜之心的策略。这就是我与克拉克先生合作期间最大的心得。

我崇尚平等，居高临下地发号施令是我平生最厌恶的。然而，克拉克先生在我面前却总要摆出一副不可一世的架势，这令我非常反感。他似乎从不把我放在眼里，视我为目光短浅的小职员，甚至当面贬低我除了记账和管钱之外什么也不会，没有他我还是个穷小子。面对这公然地挑衅，我当时只有置之不理，我懂得自己尊重自己就足够了。但是，在心里我却已经同他划清界限，我一遍一遍地叮嘱自己：超过他，你的强大是对他最好的羞辱，是打在他脸上最响的耳光。

结果，克拉克-洛克菲勒公司永远成为了历史，取代它的是洛克菲勒-安德鲁斯公司，从此我搭上了成为亿万富翁的特快列车。正如你所知，只有能忍人所不能忍，才能为人所不能为。

冲动在任何时候都是我们最大的敌人，如果忍耐能化解不该发生的冲突，这样的忍耐就永远是值得的。而顽固地一意孤行，非但不能化解危机，还会带来更大灾难。安德鲁斯先生就不明白这个道理。

作为一个毫无商业头脑却自以为是的人，安德鲁斯先生缺乏成为伟大商人的雄心，却有着邪恶的偏见，与这种人发生冲突，我丝毫不觉得奇怪。

导致我们最终分道扬镳的那场冲突，缘于公司发放股东的红利。那一年我们经营有方，赚了不少钱，我希望能将其中的一半收益投入到公司的再运营中去，而不是把公司赚到的钱让股东们全部拿回家。安德鲁斯坚决反对，他只想把赚来的钱全分了。这个自私自利的家伙甚至怒气冲冲地威胁我说，他不想在公司继续干下去了。任何阻止公司强大的想法都是我不能容忍的，我只能向他摊牌，请他为他持有的股票开价，他说一百万，我说没问题，第二天我就用一百万买下了。

钱一到手，安德鲁斯兴奋极了，他以为自己交了好运，因为他觉得手里持有的股票根本不值一百万。但他没有想到，我一转手很快就赚了三十万。这事传到他那里，他竟然骂我手段卑鄙。我不想因为区区三十万就落得个卑鄙的名声，就派人告诉他愿意的话可以原价收回。但懊恼中的安德鲁斯拒绝了我的好意，同时也拒绝了一次成为全美巨富的机会，如果他能把那一百万的股票保留到今天，就会成为当然的千万富翁。但为赌一时之气，他终其一生再也未能抓住这个机会。

孩子，在这个世界上，我们要忍耐的人和事太多太多，而引诱我们感情用事的人和事也太多太多。所以，你需要搞清楚自己想要的是什么，从而修炼自己管理的情绪和控制感情的能力，这样才能在决策时完全根据需要来作决定，而不受感情的左右。你还需要知道，在机会的世界里，有太多的竞争存在，如果你真的想成功，你一定要掌握并保护自己的机会，更要设法抢夺别人的机会。

要记得天天把忍耐带在身上，它会给你带来快乐、机会和成功的。因此只有忍耐才有奋发，只有屈从才有弹性，只要灵活把握，我们就会游刃有余和潇洒有度，成功就会去机遇的轨道上不断前进。

爱你的父亲
1902年9月2日

第二十七封　勇气决定运气

亲爱的孩子:

我来信告诉你,你的姐姐塞迪几天前欣喜若狂地告诉我,她得到了幸运女神的眷顾,手里的股票就像百依百顺听她使唤的奴隶,正在帮她赚进大把大把的美金。

我能体会到塞迪现在快乐疯了的心情,但我不希望她因为那些钱而得意忘形并方寸大乱,我告诉她,别太相信运气,否则它会把你扔到失败的半道上。

人不能靠运气活着,更不能靠运气来建立事业,几乎每一位成功人士都会这样警告世人。但有趣的是,大部分的人对运气深信不疑,我想他们是错把机会当运气了,认为没有机会就没有运气。

孩子,想一想你认识的那些幸运儿,就不难发现,他们都不是温和谦逊与无欲无求之人,也不难发现,那由内而外散发出的自信光辉和天下无难事的态度,甚至会让他们显得非常大胆。这其中潜藏着一个鸡生蛋与蛋生鸡的问题。幸运儿是因为幸运才表现得自信和大胆,还是他们的"运气"来自于自信和大胆的行动呢?我认为是后者。

"幸运之神眷顾勇者",这句格言是我一生所尊奉的。胜利不完全属于强者,警觉性高、积极向上与勇敢无畏的人也会获胜。当然,也有人相信谨慎胜过勇敢。但勇敢和大胆比谨慎更能打动人心和受人关注,且更有吸引力,懦弱根本不能与之相提并论。

没有人不欣赏自信果决的人,每个人都支持自信果决的人,期望这样的人担任领袖，而我们之所以欣赏他们，就在于他们有着强大的吸引力。所以，勇敢的人比较容易担任领袖、总裁和司令官，那些迅速升职者都属于这样的人。

大胆果决的人，能获取他人的支持，能结成有力的盟约，能达成最好的交易。而那些胆小迟疑的人却难以捞到这样的好处，这是我的经验之谈。不仅如此，大胆的方法对自己也大有裨益，那些期望成功的自信者，会配合自己的期望，做好所有计划以追求成功。

这样做能自然而然地推近对成功的展望，虽然不能保证会绝对成功。换句话说，如果你觉得自己是赢家，你的行为就会像个赢家；如果你的行为像个赢家，你就可能去做更多赢家才能做的事，从而改变你的"运气"。

不可一世的狂徒并非是真正的勇者，没有脑子的莽汉只会逞匹夫之勇。真正的勇者就像军事策略家所说的那样，懂得运用预测和判断力做出自己的计划和决定，从而使自己的力量大增，这就好比战场上突然拥有了一种新式武器，会立即形成明显的优势，能帮自己快速战胜对手。说到这里，我不禁想起了十几年前，大胆决定买下莱玛油区的情景。

　　当时，对原油将会枯竭的恐惧，长久地笼罩在石油界上空，连我的助手都担心在石油上不能长期渔利，而悄悄地卖掉了公司的股票。甚至有人建议，公司应该及早退出石油业，转行做其他更为稳定的生意，否则我们这艘大船就将永远不能返航。作为领袖，面对这些悲观的哀叹，我表明了自己的态度，我告诉那些惶恐中的人们：上帝会赐予我们一切。

　　直到在俄亥俄州莱玛镇发现了石油，人们才再次感觉到了上帝温暖地抚摸。只是，莱玛的石油散发着用常规方法无法去处的臭味，让很多人打消了从那里大赚一把的念头。但我预见到，一旦我们独占莱玛，我们就将具有统治石油市场的强大力量，所以我对莱玛油田充满了信心。如果让这个机会悄然溜走，洛克菲勒的名字就只配与猪联系在一起。"这是个千载难逢之机，是该把钱投到莱玛的时候啦！"我郑重地告诉公司的董事们。

非常遗憾，我的意见遭到了胆小怕事者的反对。我不喜欢将自己的意见强加于人，我希望通过和颜悦色的讨论，让大家最终能统一到我的意见上来。

那真是一次漫长而无休止地等待啊！我的内心充满了忧虑。要知道，我们那些具有全球规模的巨型炼油厂对原油的依赖，就像一个饥饿的婴儿对母亲奶汁一样地喜爱。但现实是，宾州的油田正在枯竭，其他几个小油田已开始减产，长此以往，我们只得进口俄罗斯的原油，那么俄国人一定会利用他们对油田的控制，削弱我们的力量，甚至彻底击败我们，把我们赶出欧洲市场。如果我们拥有了莱玛的石油资源，我们就可以继续稳操胜券。因此，行动的时刻来临了，我不能再等待下去！

跟我所预想的一样，保守派依然在董事会上持反对意见。但我以令反对派大吃一惊的方式，降伏了他们。我说：先生们，只有保证了原油的供应，我们这艘巨轮才不会沉没。现在，蕴藏在莱玛地下的石油正向我们招手，它将带来令我们目眩神迷的巨额财富。每一样东西都有其价值，看在上帝的份上，请别说那带有臭味的液体没有市场，我相信科学会扫除我们的疑虑。所以我决定，这项投资将全部用我自己的钱来进行，我还情愿承担两年的风险。如果两年以后成功了，公司可以把钱还给我；如果失败了，我自己来承担所有的损失。

最大的反对者普拉特先生，终于被我的决心与诚意打动了，他眼中闪动着泪光，激动地对我说："约翰，我的心向你宣布投降，我们就一起干吧！既然你认为应该这样做！你能冒这个险，我也能！"一荣俱荣、一损俱损的合作精神，支撑着我们不断走向强大。

我们成功了。倾尽全力投以巨资的莱玛，给我们巨大的回报，全美最大的原油生产基地终于被控制在了我们自己的手中。而莱玛的成功又增加了我们的活力，支配我们开始了在石油业前所未有的大收购。跟我们预想的结果一样，我们在石油领域取得了不可动摇的统治地位，并成为该行业最令人畏惧的超级舰队。

孩子，态度有助于创造运气，而机运离不开你的选择。如果你有百分之五十一的几率做对了，那么你就有可能成为英雄。

这是我关于幸运的最深体会，也是我一生经过若干大风大浪事情的真切感悟，我将这些经验之谈告诉你和你姐姐，就是想让你们明白，运气来自于机会，机会来自于勇气。

爱你的父亲

1898年10月7日

第二十八封　怎样才能做得更好

亲爱的孩子：

你来信问我，让罗杰斯担当重任并独当一面的意见如何，我现在告诉你，我不赞成。事实上，我曾为此做过努力，但结果颇令我失望。我的用人原则是，能担当重任者，必须是能找出方法把事情做得更好的人。但罗杰斯是个懒于思考的人，他显然不够格。

我也曾有心启用罗杰斯，为此我用一个问题考过他。我说："罗杰斯先生，你认为政府怎么做才能在三十年内废除所有的监狱呢？"他听了觉得很困惑，怀疑自己听错了，一阵沉默过后，他便开始反驳说："尊敬的洛克菲勒先生，您的意思是那些杀人犯、强盗以及强奸犯全部会被释放吗？您知道这样做后果又多严重吗？如果真是那样，那可真是要天下大乱了。不管怎样，监狱不能废除。"

当时，我真想把罗杰斯那铁板一块的脑袋砸开一道缝出来，我说："罗杰斯，你只说了不能废除的理由。现在，你暂且相信可以废除监狱吧！假设可以废除，我们该怎么办？"我提醒他。

"洛克菲勒先生，这太不可思议了，我没法相信，我也很难找出废除它的方法。"没有办法——这就是罗杰斯的办法。

我不敢想象，如果给予他重任，当机会或危难来临的时候，他是否会调动自己所有的才智去积极应对呢？罗杰斯只会将希望变成绝望，所以我不信任他。找出把事情做得更好的方法，是将任何事情做成功的保证。这是一种信念，并不需要有超人的智慧，它只需要你相信能把事情办成。当我们对某一件事抱有怀疑的时候，我们的大脑就会为我们找出各种理由来开脱。反之，当我们真正地相信某一件事确实可以做到，我们的大脑就会帮我们找出各种方法来解决。

对某一件事坚信不疑，就会使我们的主观能动性充分发挥出来，并为我们提供创造性的解决之道。相反，不相信事情能够做成功，就意味着关闭了我们创造性解决问题的大门，这不但不利于我们主观能动性的发挥，还会使我们的理想破灭。所谓有志者事竟成，创造成就的根本，就在于此。

我最讨厌手下人说"不可能"这个单词。"不可能"跟失败是划等号的，人们一旦被"不可能"的想法所支配，他就能找出一连串的理由证明他没错。罗杰斯就是犯了这种错误，作为一个思想守旧的人，他的心灵早已麻木了，他的理由是：已经实行一百年了的办法，一定是个好办法，必须维持原样，又何必冒险去改变呢？而事实上，只要用心去想，总会找到解决问题的办法，但是"普通人"却不愿开动脑筋。

我相信，条条大路通罗马，做任何事都不可能只有一种方法，好的方法正如创造性的心灵那样多姿多彩。没有任何事是在冰雪中生长的，如果让传统的想法冻结我们的心灵，那新的创意就无法生长。传统性的想法是创造性计划的大敌，它会束缚我们的头脑，阻碍我们发展真正需要的创造性思维，罗杰斯就犯了这样的错误。他应该乐于接受各种创意，丢弃那些"不可行""办不到""没有用"以及"那很愚蠢"等思想的包袱，他也必须要有实验精神，勇于尝试新鲜事物，这样才能扩展自己的能力，为担负更大的责任做准备。同时，他还得主动前进，要经常想：有什么方法能比我们惯用的方法做得更好呢？而不是想：这件事通常是这么处理的，所以我也要用这种方法。

　　我深知，不可能有达到绝对完美的计划，事物的改良需要无止境地进行，所以我经常会再寻找一些更好的方法。我绝不会问自己能否做得更好，而是问：要怎样才能做得更好？拥有多种创意，才可以找到解决问题的最佳途径。我知道，最大的成功者是那些相信自己有能力把事情做得更好的人。所以，我会不断地为自己和别人设定较高的标准，不断寻求增进效率的各种方法，以求能用较低的成本获得较高的报酬，以较少的精力做更多的事情。

　　我今天要怎样才能把工作做得更好呢？我该如何激励员工呢？我还能为公司提供哪些特殊的服务呢？我该如何使工作更有效率呢？这样一种"我能做得更好"的态度，需要好好培养，需要每天想，虽然练习很简单，但很管用。试试看，我相信你会找到无数绝佳的创意来赢得更大的成功。

　　心态决定能力。我们认为自己能做多少，我们就真的能做多少。相信我们自己可以做得更好，我们就能创造性地思考出各种方法。拒绝新的挑战的想法是非常愚蠢的，只要在"怎样才能做得更好"上集中心思，那些富有创造性的答案就会不期而至。例如，你可以改善目前工作的计划，也可以找找处理例行工作的捷径，要不然删除那些无关紧要的琐事，那些可以让你做得更好的方法多半会在不能这时候出现。约翰，跟罗杰斯谈谈，我希望他能有所改变，但现在还委以重任，还需要观察一段时间，也许到那时他会明白我们的芳心，他会更加注意并改正自己的缺点。那么，这也是我们的成功啊！

爱你的父亲

1903年12月4日

第二十九封　结束也是开始

亲爱的孩子：

我从报上看过那篇对安德鲁·卡内基先生的记者专访了，我不知你看过没有？我一直搞不清楚，他为什么总喜欢在报纸上抛头露面。他是不是患了恐惧遗忘症，唯恐人们忘记了他的存在呢？

但对这个常与我争风的家伙，我还是比较欣赏的，因为他勤奋与雄心勃勃，就像个不知疲倦的铁汉，而且还总将发展视为他第一、第二、第三重要的事情。也许正是因此，当被问及他成功的秘诀时，他才会告诉记者说：结束也是开始。

这个铁匠能说出如此精辟的话，真令人难以置信。这个仅由三个单词组成的短句，我相信很快就会传播出去，说不定卡内基先生会因此得个商界哲学家的头衔呢！能将自己成功的一生浓缩成一个短句，不正是表现了这位商业巨人的非常智慧吗？事实上他也的确值得人们这样称道。

不过，这家伙只给出了一个成功者的成功公式，却没有给出其中的演算过程，看来至今都不能改变其自私的本性啊！这个人总怕别人窥见他成功的秘密。我倒想试着替铁匠解一解他那个公式，你可别向外传啊！否则，知道我烟酒不沾，这个有趣的家伙会因我泄密，在圣诞节时不光送我威士忌，一定还会送来雪茄的。

在我看来，铁匠的"结束也是开始"，是在试图表明成功是一个不断繁衍的过程，这就像一个多产的母牛，当它生下一个牛崽之后，马上又怀上了另一个牛崽，如此往复，生生不息。"结束"是一段路程的终结，又是新的梦想开始。所有伟大的成功者，都是用一个又一个细小的成功把自己送上顶峰的，他们用"结束"欢庆梦想的实现，又在"结束"中重新踏上征途，这是每一个创造了伟大成就者所共有的品质。

但是，如何开始新的梦想呢？对于期望能否顺利冲到最后一站，这至为重要，更是开始下一个梦想的关键，可惜卡内基先生"忘"了没说。其实，答案很简单，那就是从一开始你就要千方百计地掌握优势。

丰富的人生阅历告诉我，有三种策略可以让我拥有优势。

第一个策略：一开始就要下决心，关注竞争者的状况和资源。这一点表示，我要注意自己和别人的共同点，也表示要了解降低机会的基本层面。从事一项新的事业，在了解整个状况之前，最好不要采取任何行动。只有了解达成目的所需要的资源在哪里、数量有多少等，才能成功地迈出第一步。

从一开始，我就设法预测会出现什么机会，这样当它出现的时候，我才能像狮子一样扑向它。而且我还知道，完美是好的敌人。很多人总喜欢追求完美的东西，而放弃好的东西。这样做是不明智的，虽然好总是胜过不好，但现实中很少有送上门的理想机会，多是不尽如人意的，因此，还算好的机会虽有不足之处，却总远远胜过完全没有机会。

第二个策略：研究和探讨对手的情况，然后利用这种情况，来形成自己的优势。了解了对手的优点、弱点、做事的风格和性格特点，我在此后的竞争中就总能拥有优势。当然，我更要知道自己是谁。那个"结束也是开始"的发明者卡内基先生，就曾经对我这个策略甘拜下风。

卡内基先生是当之无愧的钢铁巨人，挑战他就如同挑战死亡。但他固执己见的弱点却总能帮上对手大忙。也许是钱包太鼓了，让他总习惯俯视并低估别人。他不把我放在眼里，愚蠢地认为石油行业才是我的舞台，而且他固执地认为矿石取之不尽且价格也低廉，只有愚蠢的人才会去干采矿那一行。

所以，当我投资采矿业时，他几乎见到人就挖苦我，说我对钢铁业一窍不通，是全美最失败的投资者。事实上，作为一个只看到山腰却望不到山顶的人，卡内基根本不懂得价格是没什么神圣的，重要的东西是价值，如果让别人控制了采矿业，他那些引以为豪的炼钢厂就只能是一堆废铁。

从一开始，我就放心大胆地全面投资。因为别人不把我高看为对手的时候，正是我可以为未来竞争赚得最大资本的时候。冲动胜过慎重，很快这个高傲的铁匠就发现，我成了全美最大的铁矿石生产商，那个"以最差投资者而闻名于世的人"控制了铁矿业，能够与他分庭抗礼了，坐不住的他，只能低声下气向我求和。

在竞争中，往往是胜利者能首先发现对方的弱点并予以狠命一击。

第三个策略：你必须拥有正确的心态。从一开始，你必须下定决心追求胜利，这表示你必须在道德的限制下，表现得积极无情，因为这种态度直接来自残忍无情的目标。

只有全力以赴才能获得辉煌的成就，既然下定了决心，就必须全心全意，在竞争开始时更应如此。说得好听一点，这是努力取得早期优势，建立独占地位；说得不好听一点，自己多付出点，就等于让别人少赚点。而与此同时，我们还要积极勇猛，要有敢于吞下鲸鱼的胆量。我相信，天才的竞争者总是由勇士来承担，这是千古不易的真理。

在《新约》里，使徒保罗对哥林多信徒曾说："如今常存的有信，有望，有爱，其中最大的是爱。"因此在每一个新的梦想开始，最重要的是有追求胜利的决心。没有追求胜利的态度，关注竞争状况和了解对手也就没什么作用。帮助你建立信心，协助你达成追求胜利的最高目标，正是获得知识、保持控制力和评价竞争状况这三样东西的根本。

从那些失败的人身上，你会发现，他们之所以会失败，不是因为犯错，而是因为没有全心投入，企业也是一样。

孩子，"结束也是开始"，别忘了卡内基先生这句即将广为流传的名言，当然，还有我那三个策略。我想，将我们二巨头的话结合起来，那将是无往不胜的。

爱你的父亲
1908年8月31日

第三十封　多和成功人士交朋友

亲爱的孩子：

我最近看出来了，因为你的那些朋友，你的思想观念正在发生着某些变化，我想你已经觉察到了吧！我并不是反对你交朋结友，它可以增加你的生活情趣，扩展你的生活领域，甚至帮你找到知己或实现人生理想。但那些拘泥于卑微与琐碎的人，显然不值得你与他们交往。

我从年轻的时候开始，就拒绝同两种人交往。

第一种是那些故步自封并安于现状的人。他们对自己缺乏自信，认为创造成就只是幸运儿的专利，他们没有这个福气。这种人只愿守着一个平凡却很有保障的职位，浑浑噩噩地度过余生。他们也希望自己能继续发展与成长，但是他们惧怕前进道路上的无数阻力，认为自己不适合做大事，没有勇气去接受更高的挑战。

明智的人绝不会为命运坐下来哀号。但这第一种人除了哀叹命运的不济外，从不懂得欣赏自己，看不到自己所具有的分量与价值。他们让消极占据了自己的内心，失去了使自己全力以赴的感觉和自我鼓励的功能。

第二种是做事只有三分钟热度的人。他们也非常想成就一番事业，也曾为自己的工作积极准备和制订计划。但是随着时间的推移，随着工作阻力的慢慢增加，当为了更上一层楼需要艰苦努力的时候，他们就会认为这样下去不值得，因而放弃努力，变得自暴自弃。

他们会自己安慰自己："我们比上虽然不足，比下却绰绰有余，又何必去冒险呢？"其实这种人并不是真的满足于现状，而是内心的恐惧感，让他们害怕失败，害怕大家否定，害怕发生意外，害怕失去已有的东西等。这种人本来极具才干，却因不敢重新冒险，只好平平淡淡地度过一生。

归结起来，这两种人身上有着一个共同点和易感染他人的思想毒素，那就是消极。

我一直认为，一个人的品性与成就，同他与什么人交往密切相关。近朱者赤，近墨者黑。经常跟消极的人来往，他自己也会变得消极；跟小人物交往过密，行为就会变得卑琐。反之，经常受到大人物的熏陶，自己的思想水准也会提高；经常接触那些雄心万丈的成功人士，自己也会拥有迈向成功所需的野心与勇气。

有个聪明人说得不错：我要挑战令人厌恶的逆境，因为智者告诉我，那是通往成功最明智的方向。我喜欢同那些永不服输的人做朋友，只是这种人少之又少。

这种人从不让悲观的情绪来左右自己，也绝不屈从任何阻力，因为他们不愿做浑浑噩噩虚度光阴的人，他们活着就是为了成就自己。这种人天生乐观，因为他们有着誓要达成的心愿，所以很容易成为各行各业的佼佼者。他们懂得真正地享受人生，也真正了解生命的可贵与价值。他们对每一个崭新的日子充满期待，对跟别人之间的最新接触充满期待，因此能热烈地接受那些可以丰富自己人生历练的人。

人人都希望自己成为这种人。因为只有这种人才是真正在做事情，只有这种人才能成功，才能得到他们所期盼的结果。

不幸的是，消极的人随处可见，他们也使很多人陷于消极之墙的围困中无法自拔。

在我们周围的人当然是各不相同，他们当中，有些消极保守，有些则积极进取。与我曾共事的人中，有些人只想混口饭吃，有些则胸怀大志，野心勃勃，想要有更好的表现，他们也了解，在成为大人物前，必须先做个好的追随者。

要想有所成就，就要能应对各式各样的陷阱或圈套。阻挡我们去路的人在任何一个地方都会存在，他们宁愿自己不好过，也不愿让别人好过，硬要拖住你，阻止你更上一层楼。有许多人就是因为力争上游，而被人嘲笑甚至被恐吓。还有些人嫉贤妒能，看到你努力上进，力求表现，会想尽办法来破坏你，打击你，要你难堪。

我们当然不可能限制别人不能无聊、不能消极，但我们却可以做到不被那些消极人士影响，以免降低自己的思想水准。水流山不转，只要时时跟随思想积极的人，跟着他们一起成长、一起进步，我们自然可以让那些消极因素像水鸭背后的水一样自然滑过。

你只要思想正常，就一定可以做到这一点，而且你一定得这样做。

有些人消极，心肠还算好；另外还有一些消极的人，自己不求上进，总想着把别人也拖下水，他们自己无所作为，也不想让别人有所成就。通常那些说你这办不到那也办不到的人，都是那些无法成功的人，这些人最多混得普普通通而已。因此这些人的意见，对你有害无益，一定要记住，我的孩子啊！

对那些说你办不成事的人，一定要严加防范，把他们的警告看成能证明你一定办得到的挑战吧！你还要特别防范消极的人破坏你迈向成功的计划，这种人随处可见，他们似乎就喜欢破坏别人的进步与努力。你千万要小心，不要让那些思想消极、度量狭窄的人妨碍你的进步。那些幸灾乐祸、喜欢嫉妒的人都想看你摔跤，不要给他们机会。

当你有任何困难时，找一个成功的人来帮你是最明智的做法。如果向一个失败者请教，就跟缘木求鱼一样可笑。特别是当事关你的重要前途时，你千万别从长舌妇那里征求意见，因为这种人一辈子都不会有出息。

就像食物供应身体的养分一样，精神活动也会滋养你的心理。你要重视你的环境，要利用环境为你的工作服务，而不是拖累你。不要让那些阻力，亦即专门扯你后腿的人使你精神颓废。让环境帮助你成功的方法是：多接近积极向上的人，少同消极逃避的人打交道。

每一件事情都要做得尽善尽美。贪小失大所累积的种种额外负担，不是你所能承受的，也是我所不齿的，相信我的孩子不会有这些习惯。

爱你的父亲

1902年5月11日

第三十一封　领导他人的方法

亲爱的孩子：

我来信祝贺你，你能走进标准石油公司的核心，我深感荣耀。但是，当你在享受这个荣耀的时候，毫无疑问，你也要承担起与之相应的责任，这是你需要知道的。否则，你就不配这个荣耀，更不配众人对你的希望和信任。别忘了，你是标准石油公司的中坚，我们事业的最终成败，都维系在你一个人身上，你应当以高标准和严要求来约束自己。

说实话，你要想让大家认同你、敬佩你，想在那个位置上干得出色，你的学习之路还很长很长。现在，你需要思考一个问题：你是否能成功掌握这个角色呢？

每一位领导都是一位希望大使，是带领部属穿越眼前无法避免的荆棘道路上的向导，但一般人很难做到不辜负他们。作为领导者，无论是谁，都会面临诸多难题，这些挑战，让你疲于奔命，感到挫折、恐惧、焦虑和不知所措，甚至会破灭你追求一生的梦想。譬如，如山的工作，海量的资讯，突发的变故，最高管理层、投资人和客户无止境的要求，难以调教的员工，始终在变动的市场等等，

但是，你如果知道如何让部属甘心为你卖命，那么成为一个充满信心与活力的卓越领导者，要比成为一个活力尽失并在挣扎无助中度日的领导者容易得多。注意，前提是甘心，而不是被强迫。

作为标准石油公司的大老板，我在享有权威的同时还享受愉悦。因为我知道，找到可以保证完成任务的人，就等于为我创造了时间，换句话说，这不仅会让我精力充沛，更重要的是，我可以有更多的时间去思考怎么能为公司赚更多的钱。

这里面有一个态度问题，行动受态度驱使，我们采取什么样的行为，完全取决于我们选择什么样的态度，至于结果，则是显而易见的。改变态度即可改变人生，如果你相信自己能够改变，你就能够改变。聪明人总会选择对自己最有利的态度。懂得领导艺术的人，永远不会选择冷淡或敌意的态度，他们总会自问：怎样才能帮自己达到真正想要的结果呢？是鼓舞激励的态度呢？还是保持同情的态度呢？

千万别把自己当作高高在上并一言九鼎的专制君主，否则你很可能会成为下一个法王路易十六。就我而言，专横跋扈与制造冲突，或者给予自身过大的压力，是我从不为之的。给予部属信任与鼓舞士气，反倒是达成我所期望的商业成就的习惯，这个习惯能帮助我实现活用部属的目的。知道如何运用设定目的的力量，就可以很简单地做到这一点。我是一个目的主义者，虽然异常重视目的的功能，但从不像有些人那样夸大目的的作用。在我看来，目的是主导一切的力量，是激发我们潜能的关键，它可以影响我们的行为，激励我们更快达到目的。因此，明确、果断的目的，会让我们更加专注于所选择的方向，并尽力达成目标。

经验告诉我，一个人所达成的目标，以及他最终的表现，与他为了目标所做的事情几乎无关，却与他的目的的本质与力量息息相关。想想看，没有一杆完成的高尔夫比赛，你需要一洞一洞地打过去，你每打出一杆的目的就是离球洞越近越好，直到把它打进去。

我习惯于在做任何事情之前先确个目的，而且每天我都要设定无数的目的，譬如与合伙人谈话的目的，召集会议的目的，制定计划的目的，等等。在做事之前我也会先检视自己设定的目的，通常在我到达公司时，我已经胸有成竹。所以，诸如"我没有办法""我不管了""没有希望了"等具有吞噬性的声音，从未在我心里出现过。每一天确立的目的，已经抵消了这些失败的力量。目的就是我领导的依据，目的就是一切。

一定要主动确立自己的目的，否则你就会被动或不自觉地选择其他目的，结果很可能会让你失去掌控全局的能力，同时你也将受制于使你分心或搅乱你的人或事件。

这就像一艘在码头松开绳索，或忘记了启动马达的游艇一样，你将随波逐流，海风、水流或其他船只随时都会让你葬身海底，除非奇迹出现。也许对岸有好事等着你，也许你根本无法顺利到达对岸，而确立目的就如同开启游艇的引擎，能驱动你朝所选择的道路前进。因此，目的可为人类的努力增添方向与力量。

但是，仅仅确立目的并不够，那只是走到了目的的中途。你还有另一半的路程要走，即向你的部属毫无保留地陈述你的目的，即你个人的企图、动机与内心的战略计划等。在每次会谈、会议、报告中或事情的开始阶段，我都会先表达出我的动机、想法以及期望。对于每一位需要了解我所要达成目的的人，我都会向他们说明我的目的。

你会惊讶于这样做的好处，它不仅能使部属清楚你的目的，知晓正确的前进方向，最重要的是，当你将自己的目的开诚布公之后，你将收获情感上的忠诚，而忠诚则是甘心效命的开始。

信任和尊重是杰出领导者都善于动用的两种无形力量。信任别人并赢得别人信任，是我一生取得成就的重要原因。当你如实地说出你的目的时，你也传递了这样的信息："因为对你有足够的信任，所以我愿意向你坦白。"公开你的目的，可以开启让人信任你的大门，而在大门外，你收获的不仅是部属的能力，还有来自他们无价的忠诚，即一股巨大的、能够帮助你克服一切艰难困苦的忠诚。

另外，公开你的目的，还有助于避免无益的推论，虽然这有点把部属当成"傻瓜"的嫌疑。如果你不清晰地对部属告知你的目的，他们就会根据所能搜集到的蛛丝马迹进行推测，花时间臆测你的目的，而这些信息都很容易受到扭曲。只有不需要解读你的动机时，部属的士气与能力才有机会获得提升。

目的清晰的力量是无可取代的，它所传达出的不仅是一项声明，同时也是领导者对于个人行为勇敢坚决的誓言。这种目的所表露出来的坚决意志与绝对韧性，是最能够激励并鼓舞部属的，能够使他们在以后的工作中作出贡献。

领导者的天职是发现问题，而解决问题要依靠部属。因此如何调动部属完成他们的职责是领导者首先要考虑的事。我认为，亮出你的目的，热情地对待每个人，就能实现你所要达到的目的。目的就如同钻石，如果要它卖个好价钱，就必须具有真材实料。不诚恳的表白只会起到反作用。如果一个人滥用目的的力量，他只会破坏彼此间的信任，并失去别人的信赖，所以表达目的也具有一定的风险。

孩子，领导是一门艺术，你要使自己轻松地达到自己的目的，单靠自己的力量是不够的；更重要的是依靠部属。因此，你要学会研究部属，学会领导部属，更重要的是发挥部属能力。

爱你的父亲

1902年3月15日

第三十二封 拒绝责难和推诿

亲爱的孩子：

我告诉你，那位一直不甘人后并总认为自己是世界第一富豪的安德鲁·卡内基先生，最近曾来拜访我，并向我讨教了一个非常严肃的问题，你不会感到惊讶吧？事实上，那位伟大的铁匠确是这么做了，连我都不敢相信他会这么做。

卡内基先生是在两天前来的我们基奎特。也许是我的笑容比较亲切，也许是我们谈话的气氛比较轻松，卡内基先生那钢铁般的自尊被熔化了，他放下架子问我：

"约翰，我知道，你手下有一群很能干的人。不过，我可不觉得他们的才干无人能敌。可是，他们似乎无坚不摧，总能轻松击败你们的竞争对手，这就令我纳闷了。我想知道，你到底施了什么魔法让他们那么精神的，不会只是金钱的力量吧？"

"金钱的力量当然不可低估，但责任的力量更加巨大。"我这样回答他，"有时，行动并非源于想法，而是出于一种责任。标准石油公司的员工都有很强的责任感，都知道'我的责任是什么？我做什么可以把事情做得更好？'但是对于员工，我从不高谈阔论他们的责任或义务，我只是通过我的领导方式来创造具有责任感的企业。"

这个话题到此本就应该结束了，但卡内基先生还是很认真地追问我："约翰，那你给我讲讲，你到底是怎么干的？"显然，我的回答挑起了他的好奇心。

难得卡内基先生如此谦逊，在无法拒绝的情况下，我如实相告：

"如果我们想要在竞争中屹立不倒，那么就意味着我们的领导方式绝不能以任何理由为借口，去责难任何一个人或任何一件事。因为责难就如同一片沼泽，一旦失足跌落进去，你就会失去立足点和前进的方向，就会变得无法动弹，从而陷入憎恨和挫折的困境之中，最终的结果只有一个那就是失去手下的尊重与支持。一旦落到这步田地，那你就好比是一个逊位的国王，无法再主宰一切。"

"在这个世界上没有常胜将军，不管是谁都会遭遇挫折和失败。所以，当问题出现时，我不会感到愤恨不满，更不会责难别人，因为我知道，责难是摧毁领导力的头号敌人。我只是在想：怎么能让情势好转起来呢？如何补救或是修复我们的失误呢？积极地选择向更高的生产力和满意度前进，才是身为领导者应该做的。"

"当然，对自己我不会轻易放过。当坏事降临在我们身上时，我会先停下来问自己一个问题：'我的职责是什么？'借着对自身角色进行完全坦诚地评估，从而回归原点，就可以避免窥探他人做了什么，或是要求他人改变什么等等无意义的行为。事实上，只有将焦点专注在自己身上，我才能将无意中拱手让出的王冠重新收回。"

"不过，分析'我的职责是什么'与自责是两个完全不同的概念。自责是一种最阴险狡猾的责难陷阱，诸如'那真是一个愚蠢的错误！'等自我责难，只会让自己陷入与其他任何责难相同的愤恨与不满之中去。事实上，'我的职责是什么'是一种具有强大分析力和自我肯定的步骤。我知道，真正的问题不是员工应该要做什么，而是我应该要做什么。我不会自怨自艾，而只会让自己更强大。这当然不是件坏事，自己越强大，别人的影响力不就会越小吗？"

如果你不跟那些对你做了什么的人斤斤计较，而是把每一个障碍当成了解自己的机会，那么你就能在领导危机的高墙外找到出路。

"当然，我没有救世主的心态，也从不把自己视为救世主。领导者的工作不是全知全能或大包大揽。我常常一遍遍地问自己：在哪些方面应为自己负责？在哪些方面，部属们要为我负责？如果我真把自己当成拯救这个世界的正义使者，那只会让自己陷入领导危机之中。我的责任中，很大一部分是让其他人承担起自己该负的责任。如果一个员工对于跟自己切身利益有关的事情都漠不关心的话，那他就不可能对圆满完成工作有强烈地渴望，这样的人，我就会让他选择离开，请他去为别人服务。"

"有时候，我感觉责任在肩的那种压力就好像是兴奋剂。没有什么能像个人的责任感一样，可以激发并强化一个人做事的能力。因此，将重责大任托付部属，并让其了解我对他的充分信任，无疑是对他最大的支持。所以，作为领导者，我们没有必要将部属应当并且能够负担的责任揽在自己身上。"

"当然，光靠示范作用并不足以来营造公司勇于负责的氛围与风气，我的基本原则是部属们都知道的：在标准石油公司没有责难、没有藉口！这是我坚持的理念，每一个人都知道。一个人犯了错没什么，但我决不能容忍不负责任的行为存在。我们的箴言是支持、鼓励和尊重会被全心接受与加倍颂扬，只会找藉口而不提供解决方式，在标准石油公司是无法容忍的。"

"我的大门随时为部属敞开着，他们可以提出自己的见解，也可以纯粹地发牢骚，但必须要用一个负责任的方式。这样的结果会让我们彼此信任，因为我们将所有的事都摊在阳光下来讨论，因此我们很少犯任何错误。"

卡内基先生不愧是优秀的学生，他没有让我浪费时间，在我结束这个话题时，他说："在抱怨声中，再优秀的员工也会变成乌合之众！"他确实很聪明。

孩子，几乎所有的人都用一种防御心理来推诿真正的责任，以致推诿责任的现象处处可见，这真是贻害无穷。但有一种方法可以避免推诿，那就是学会倾听。

如何创造出一个能让大家觉得开诚布公比隐藏实情感觉舒适的环境呢？那就是主动邀请别人陈述自己的想法，用一些诸如"再多说一点"，或是"我真的想听听你的意见"的话语来鼓励他们说出自己的想法，对领导者来说，才是最大的挑战。跟一般人所知道的刚好相反，在对话中，起主导作用的并非陈述者，聆听者才是拥有权力的人。

你也许难以置信吧？试想一下，与一个面露敌意且肢体呈现侵略性姿态的人，或与一个对你表示全神贯注的人说话，这两者之间的差异，就不难知道陈述者的语调、焦点还有内容了，事实上都取决于你倾听的方式。当你消除防卫心理，单纯地聆听其他人说话时，你会得到不少收获：对有攻击性或愤怒语言背后隐含的议题，会有着更透彻地了解，可以得到更多能够改变你对整个事件来龙去脉的假设信息，会有更多的时间来整理思绪。

对于你是否重视他们的观点，陈述者是能感觉到的。当你专注地倾听之后，原来的陈述者也会更愿意聆听你的意见，这是最令人兴奋的了。

真实地倾听是不具任何防御性的，即使你不喜欢这个信息，你也应该去倾听了解，没有人让你立即做出回应。专注地倾听更像是一种态度，而不是一种技巧。滑雪者在遭遇障碍时，绝不会分神去思考他要对伙伴说什么，因为他的每一秒钟都需要投注百分之百的注意力。作为一名积极的倾听者也是一样，如果你能贡献百分之百的注意力给另外一个人，就不会出现想到什么就脱口而出的情况。这样一来，你去除了先入为主的观念，就可以敞开胸襟开始一段更有意义和更有效果的对话。

我们在塑造了生活的同时也将塑造自己，只不过这是一个漫长的过程。这个过程将会一直持续下去，因为我们最终都将为自己的选择负责。正如"目的"决定你的方向，拒绝责难将筑出一条实现自己目标的康庄大道，因此，我们非常有必要在这方面努力做到，以更好地得自己的事业发展。

爱你的父亲
1910年7月24日

第三十三封 善用众人的智慧

亲爱的孩子：

收到你的来信，我的精神真是为之一振！因为你读懂了我成就事业的处世哲学：做你喜欢做的事，而其他的事，就交由喜欢做这件事的人去做。

对我来说，做喜爱的事是一项不容置疑的定论，它时刻都会提醒我，要领导手下完成好自己的任务，就要采用一种更为宏观、更有效能的领导方式，而决不可依赖某些管理技巧。

具体而言，我的制胜之道就是：想办法利用每个人的长处并诱发他们将热情倾注在工作之中，以成就最高的生产力，而不是把手下拘泥在刻板、制式的职务工作上。

"最完美的人就是那些彻底投身于自己最擅长活动的人。"这是我在读书时代就记得的一句话。后来，经我改造，它成了我管理上的一个理念：那些彻底投身于自己最喜欢活动的人，才是最能创造价值的人。

我曾说过，忠于自己是每个人都有的天性，都渴望成为自己想要成为的人，做自己喜欢做的事就是他们忠于自己的方式。遗憾的是，很多管理者并不能正确对待员工忠于自己的诉求，而结果是事倍功半。

其实这不难理解，如果你不将时间投入到你喜爱的事情上，你就不会感到自我满足；如果你得不到自我满足，你就将失去生活的热情；如果你失去生活的热情，你就将失去生活的动力。指望一个失去工作动力的人去出色完成工作任务，不是像指望一个停摆的闹钟去准确报时一样可笑吗？

所以，给予手下忠于自己的机会使其燃烧他们的热情，让他们的特别才干发挥到极致，是我时刻不能忘怀的，因为我自己将从中收获的是财富与成就。忠于自己就将使自己赢得人生中最伟大的一场战役，那么谁会放过这样的机会呢？

要想成功利用手下的热情，你就必须明白领导者的职责，要充分关注他们的优点与才干，并让这些优势充分发挥出来，而不是挖掘他们的弱点。挑寻部属最脆弱的特质，这不是我的习惯；找寻他们最擅长的部分，在工作的挑战与需求上充分展现他们的才干，才是我的专长。例如，我曾重用过的阿奇博尔德先生。

有些人喜欢以自己的好恶为标准去选拔人才，我却与他们不同。我用人并不会看他身上贴着什么标签，我看中的是他在工作中展示出来的能力。我喜欢自己的喜好，但更喜欢效率。

阿奇博尔德并不是一个完美的人，我是个禁酒主义者，而他却嗜酒如命。但是，阿奇博尔德却有着非凡的领导才能和天赋，他头脑机敏、乐观幽默，而他出众的口才和大胆好斗的性格无疑更是在激烈竞争中的获胜保证。所以在由对手变为合伙人之后，我一直对他非常关注，我不断委以他重任，直至他最终接替我的职务。

他那特殊的职业生涯，已经证明了他是一名天才的领导者。当然，如果他没有不良嗜好的影响，他的成就将更加突出。

在每位手下身上找出你所重视的价值，而不是那些你所讨厌的缺点，是身为老板的责任。我总是乐于找出每个员工值得重视的优点，并致力于将员工的优点转化成出色的才能，而不会试图修正他们的缺点。所以，我总是拥有能力健全并乐意奉献的部属。

孩子，没有人是万能的。作为一位管理者，你的成就依赖于你领导能力的发挥，依赖于你员工才能的发挥。你需要知道，你的员工可能有很多这样那样的毛病，但作为领导，你要专注地发掘每个人内在优点，注意他们在每个细节上的杰出表现，以及他们为了将事情做得出色，而对完美主义近乎苛求的坚持。这才是你的优势所在。

我不否认领导者的巨大作用，但一个人不能主宰一个集体，就整体而言，取胜最终靠的还是集体。我所取得的任何荣誉所依靠的都是集体的力量，而绝非我个人。众人拾柴火焰高，只有大家都付出努力，才可能有奇迹出现。

因此，善用众人的智慧，才是我们最大的智慧，也是我们发展更大事业的大智慧。

爱你的父亲

1912年11月17日

第三十四封　善于策略性思考

亲爱的孩子：

你是否觉得奇怪呢？我最近发觉高尔夫运动也无法抑制汉密尔顿医生的腰围向外扩张了，要想减少脂肪，他只能借助其他运动方式了。不幸的是，能防止他增重的运动还没有出现，因此他很痛苦。不过，他脑子里的各种稀奇古怪的故事，倒总能为我们带来快乐。

今天，汉密尔顿医生给我们讲了个渔夫与垂钓者的故事。他笑着问我："洛克菲勒先生，您是想做渔夫呢，还是想做垂钓者呢？"或许是看到我们每个人都捧腹大笑，医生显得得意洋洋。我告诉他，因为我靠有效的行为策略来创造商业利益，垂钓者的行为方式不能保证我成功。如果我做了垂钓者，或许我就没有资格同他们打高尔夫了。

当然，只知道丢下鱼饵并坐等大鱼上钩，而不事先思考、计划和决定要钓哪种鱼，用什么样的饵料，需要将鱼线抛到哪里，这很明显是一个愚蠢的垂钓者。就形式而言，他们没做错什么，但结果是否如愿却没人知道。

花上一段时间，他们也许会钓到鱼，也许一条鱼都钓不到，而那条他们理想中的鱼，则可能永远也不会上钩。尽管他们很清楚自己的目标，但他们太执着于自己的方式却限制了成功的可能，除了那条鱼线所及之处，他们捕鱼的范围等于零。但是，如果能像渔夫那样，张网捕鱼，就将扩大捕鱼范围，而丰富的鱼量会让他们有许多选择机会，并最终捕获到他们想要的鱼。

刻板固执、按部就班，并以简单方式来解决问题的垂钓者显然不适合我的个性。我告诉汉密尔顿先生和我的球友们，能够提供多种选择并直至挑选出最能创造商业利益鱼的渔夫才适合我。他们都笑了，说我泄露了商业机密。

孩子，不论你做什么，拥有众多的想法，才能找出完美解决问题的最佳途径。在做出最完美的决定之前，你应该致力于寻找具有创意与功效的各种可能性选择，考量并积极尝试多种可能性方案，然后才将重点放在最好的选择上。

我总能捕到自己想要的大鱼，就是这个原因。当然，在执行计划的过程中，保持开放策略也是必须的，这样才能审时度势，不断调整或修正自己的计划。所以，即使计划进展并不顺利，我总能沉着应对，不会惊慌失措。

很多人都认为我是一位有着非凡能力并富于效率与行动力的领导者，如果这个评价没错的话，那么只要你能克制自己找寻简单并单向解决方案的冲动，乐于尝试能达成目标的各种可能性办法，拥有在困难面前付诸行动的耐心、勇气和胆略，以及具有不达目的誓不罢休的执着精神，我想你也可以获得这样的赞誉。

作为总裁，我只负责为部属设立清楚明确的方向或策略，探索实现策略的各种可能性，而不会将自我局限于过分僵化的行动计划中。要知道，单靠玩弄手段的计划者，给我们这些策略者提鞋也不配。

成功的关键在于扎实的策略计划，而计划必须由具体、可衡量、可达成以及实际的行动目标作为后盾，这是许多人都坚持的一个看法。我承认这样做的重要性，但它也有着致命的缺陷：计划强调的是判断的标准与预设的成果，人们所采取的也是认为可达成目标的固定方法。由于这些方案依据的是预期能达成目标的已知方法，因此我们在开始行动之前，其实已经局限了范围。

难怪一些成本高昂，又耗时费力的策略，仅有极少的部分能真正被执行。因为在我们提笔之际看起来似乎天衣无缝的计划，在定稿之前情况可能已经转变了，也就是说，不仅市场的状况也早已改变，客户的状况早已改变，就连所能支持计划的资源也已经改变了。

那怎样才能应对这种状况呢？我们不论是为整个公司或是单一部门拟定计划，都必须确认自己所拟定的是策略，而非手段，因为策略的本质是弹性的、长远的、多层次的以及大格局的，它们强调的是如何成长或扩大利润这类成果，而不是某个可衡量的目标。同时策略只是提供一个大方向，而非达到成功的唯一方式。

仅仅是手段的设计者，并不足以让我们成为杰出的领导者，只有成为一位策略性的思考者才能达到这个目的。我们的座右铭将是专注，但是必须具有弹性空间，才能避免将自己局限于既定的文件流程中。我们着重于探索的过程，在每一天的分分秒秒中，我们都能开创有助于达成长远目标的可能方向。

我们不论是在与对手交谈，还是在给部属进行脑力激荡的会议中，我们不要固守三种或五种方式来达成远程目标，而是要求无时无刻都要发掘获取利润的机会。我们必须不断地拟定新的策略，同时调整旧有的计划，才能远离危机的风暴。因为商业环境每天都会改变，所以我们也必须依据情势的变化来修正长远的进程。这样，我们不但能在短期内维持弹性的作风，从长远来看，也能对符合最新经济环境的弹性理想目标保持清晰的概念。

无论情况看起来有多糟糕，都要做一名希望主义者。永远不要放弃，因为希望永远存在，擦亮眼睛找出其中蕴含的无限希望吧！

　　为自己提供希望，同时也为员工指引一条康庄大道，是所有领导者都负有的义务。回想一下生命中你感到最没有希望的那段时日，如果你真觉得自己已经走投无路，或者相信自己没有任何其他选择，那你早就被困住或被放弃了。

　　持续创造出各种可以跨越障碍的希望，是克服绝望的唯一方式。简单地说，相信有其他选择的存在，是希望的源泉。

　　一个杰出的领导者应该具备能够应付特定商业状况的腹案，并不断创造新的市场机动计划和应对危机的锦囊妙计，以及为自己与员工创造发展事业的蓝图。他们就像骁勇善战的摔跤手一样，即使被对手压制得死死地，即使局势已跌到谷底无法挽回，也永远不会放弃任何能够翻身的机会。

　　一个杰出的领导者在别无选择的劣势下，途经可以凭借自己的才能、灵活的手段以及随机应变的智慧，巧妙地找到漏洞并逃脱险境，硬是杀出了一条生路。但是，如果能在一开始就勇于发挥创意，不就能避免无止境的疲于奔命、挫折与痛苦吗？

　　虽然看起来已是穷途末路，如果我们依然能够满怀希望，超越自己所设定的界线，就一定能给自己和部属提供新的选择。所以，我们要勇于在绝境中，毅然杀出一条生路！这对于我们创业时期非常需要，对于我们守业时期也同样需要。因此，任何时候都不能松懈，都要如履薄冰，都要不断发展自己。

爱你的父亲

1904年10月14日

第三十五封　学会当管理者

亲爱的孩子：

你也许能想到这样的场面：买票进场的观众正准备欣赏一场高水准的演出，可那位交响乐团的指挥，却转身去面向观众，留下音乐家们独自奋战与辛苦演奏，你说这会出现什么样的后果呢？

是的！这注定是一场最糟糕的音乐会。音乐家们会用消极怠惰来"感谢"那个指挥，因为他没把音乐家们放在眼里。

每个老板就好比一位乐团的指挥，他们都想激励并调动起所有员工的力量，帮他演奏出赚钱的华丽乐章，使之尽可能多做贡献，以便能赚取更多、更多的利润。但是，如果他们也像那位愚蠢的指挥一样，不能善待员工，轻易就关闭了员工们情愿付出的大门，那么，对这些老板而言，赚钱发财注定是一场难以实现的梦。

同所有的老板一样，我期望自己的员工都能像忠实的仆人那样，全心全意为我做出更多贡献。但我比他们聪明，我不会无视员工的存在，而是会认真地对待他们，始终在脑子里把那些为我卖命的员工摆在第一位。

我们这个世界本来就应该充满温情。更何况，对那些用双手让我的钱袋儿鼓起来并为我做出努力与牺牲的员工呢？我有什么理由不去善待并不去感激他们呢？

我从来没有像某些富人那样在员工面前摆出一副盛气凌人与不可一世的姿态，更没有高声斥责与侮辱谩骂过他们，我爱我的员工！对于员工，我给予的始终是温情、平等与宽容，所有这些合成一个词就叫"尊重"。尊重别人虽然可以满足我们道德感的需要，但我发现它最大的好处是能有效激发员工们去努力工作。我坚信：人们得到应有的尊重，就能将自己的潜能彻底发挥。标准石油公司的每个员工都为公司竭尽全力工作的事实就可以证明这一点。

渴望获得帮助，是人性最基本的一面。我个人一向勤俭自持，却从没忘了要帮助他人，因为我知道心地宽容的价值。记得那次经济大萧条时，我曾数次借款给那些走投无路的朋友，让他们的工厂和家人平安度过了危机，但我从未催逼他们还过债。

对于员工，我也是一样地慷慨、体恤。在我这里，他们不但可以领到比任何一家石油公司都要高的薪金，还能享受到保证他们老有所终的退休金制度，甚至可以每年约见老板要求为自己加薪。这样做的作用我当然不会否认，最起码这种慷慨可以换来员工生活水准的提升，而这恰恰是我的职责之一，我希望每一个为我做事的人都因我而富足。

员工的问题就是老板的问题，老板就是员工的守护神。我可以选择忽略员工的需求，也可以选择满足他们的需求，我有这个权利，但我更喜欢选择后者。对我来说，这个职务最大的乐趣之一，就是我能帮助员工一臂之力。我总试图了解员工需要什么，接着就想办法满足他们的需求。我随时都在旁边关心他们，不断询问他们两个问题："你需要什么？"和"我可以帮上什么忙？"

对一些人来说，薪水和奖金虽然相当诱人，但并不能成为他们效命的原因，但给予其重视却能达到这个目的。在我看来，每个人都渴望被承认、被重视以及被尊重，每个人的脖子上都挂着一幅无形的标志，上头写着：重视我！

你能想象一个人在工作或在家庭中不被重视的痛苦吗？让每个人在工作时都能如沐春风，这一直是我的目的之一。所以，我就像神探福尔摩斯一样，不停地搜索让每个员工对自己感到自豪的才能，并让他们能人尽其才。让员工看到追随或效忠你是有希望和前途的，是一个善于激励员工做出最大贡献的老板时刻都不应不忘的，而给予重视并委以重任其实也是让员工在工作上奋力打拼的关键动力。

一个和善、温暖与体贴的老板，可以使员工精力充沛和士气高昂，而时常对员工表示赞赏和感谢，似乎也很有作用。很多员工可能不会记得五年前得到过的奖金，但是老板对他的溢美之词，还是会永远铭记在心。没有一件事的影响力，比及时而直接的感谢来得更为深远，所以，我从不吝啬表达心中的感激之情。

一则简单的感谢声明，能够展现强大的力量。我喜欢在员工桌上留一张便条纸，上头写着我的感谢词。我自己对这花一两分钟信手写来的感激之语，可能早已不复记忆，但是我的感激之意却会产生鼓舞人心的影响，经过多少年后，他们还都能记得我这个慈爱领导者留给他们的温暖鼓励，并视其为一个珍贵的箴言。

认真看待我的员工，以及他们在工作或个人方面的问题，是我一直所坚持的。尽管每个人能付出的毕竟有限，但只要我尽心尽力地为员工解决问题，相对地，他们就可以做出更多的贡献。

孩子，现在你已经是一名管理者，你的成就固然来自于你的能力，但也更多地来自于员工们能力的发挥，我相信你懂得该怎么做。学会依靠员工的力量，才是坚不可摧的最大力量。

爱你的父亲

1925年9月19日

第三十六封　拥有财富便拥有责任

亲爱的孩子：

我所遭遇的那场险些酿成国难的金融危机终于过去了，我真是值得庆幸啊！

现在，我们那位合众国总统，在这场危机中表现得相当无能的西奥多·罗斯福先生，总算可以到路易斯安纳继续心安理得地打他的猎了！当然，总统先生也不是一点贡献都没有，起码他用"担忧"支持了华尔街。我们纳税人真是瞎了眼，竟然把这么一位纽约混混儿送进了白宫。

坦率地说，西奥多·罗斯福是我见过的心胸狭隘、图财图利的小人之一。一提到他的名字，和他对标准石油公司所做的一切，我就难以抑制自己的愤怒。看看这个卑鄙的人都对我们做了些什么！是的，这个小人，用他手中的大权，让联邦法院开出了那张美国历史上前所未有的巨额罚单，并下令解散我们的公司，他靠权力使其成了一场不公平竞赛的胜利者。

然而，他一定会为他所谓的惩戒终归不能得逞而感到大为懊丧吧！因为我相信我们所拥有的公司不是垃圾，我们有杰出的管理人员和有充足的资金，我们可以抵御任何风险与打击，我们的财富将因它们健康的肌体滚滚而来。我们会有举杯庆祝的那一天，等着瞧吧！

但是，这样的待遇对我们来说，是极不公正的，我们受到了极大的伤害。西奥多指责我们是拥有财富的恶人，那位法官大人侮辱我们是臭名昭著的窃贼，好像我们的财富是烧杀掳掠得来的。他们真是大错特错！事实上，我们的每一分钱都渗透着自己的智慧，每前进一步都付出了沉重的汗水，我们的事业大厦是用我们生命奠基的。但那些愚蠢的家伙，毫不清楚大企业是如何建立起来的，他们无视是我们用最廉价、最优质的煤油照亮了美国的事实，只相信他们自己低能的判断，一味侮辱、贬低我们的经商才能，就像一些偏执狂一样。

因为西奥多拒绝了与我们和解的建议，我就明白，他一定会将手中的长剑挥舞到大有斩获为止。但我问心无愧，因而无所畏惧。我想，最坏的结果也不过就是我们这个辉煌而快乐的大家庭被他用手中的强权拆散而已，但我们的快乐不会停止，辉煌也不会落地，建立在现实基础上的未来将证明这一切。

我们正在经受着史无前例的迫害，不用怀疑，就是来自罗斯福政府的迫害。但是，感情和愤怒不能取代良知，当危机来临时我们绝不能袖手旁观，我们应该挺身而出，否则那会让我们的良心感到羞耻和不安。因为我们是合众国的公民，我们有使国家和同胞免于灾难的职责。而作为拥有巨大财富的家族，我们同时也需承担巨大的责任，即造福人类的使命。

在这次金融危机席卷华尔街时，处于恐慌之中的储户排起长队要从银行取走存款，出现了挤兑热潮，一场导致美国经济再次进入大萧条的危机即将来临的时候，我预感到国家已陷入双重危机：政府缺乏资金，民众缺乏信心。此时此刻，我打电话给斯通先生，请美联社引用我的话，告诉美国民众：美利坚合众国从不缺少信用，金融界的有识之士更是视信用为生命。请相信我，金融地震不会发生，如果有必要，我情愿拿出一半的证券来帮助国家维持信用，这就是"钱袋先生"必须要为此所做出的一切。

感谢上帝，华尔街终于走出了困境，危机也已经过去了。

就像《华尔街日报》评论的那样，"洛克菲勒先生用他的声音和巨额资金帮助了华尔街"。而我为这一刻的到来，只是做了我该做的事情。有一点令我非常自豪，当然，他们永远都不会知道，在克服这次恐慌中，我是从自己钱袋里拿钱最多的人。

当然，华尔街能成功度过此次信用危机，这场战争不折不扣的指挥官，即那摩根先生可以说是功勋卓著，是他用不可替代的金融才能和果决个性，将一群商界名士聚集起来，共同应对了危机，拯救了华尔街。所以我说，美国人民应该感谢他，华尔街的人应该感谢他，西奥多·罗斯福更应该感谢他，因为是摩根替无能的政府做了分内之事。

国难当头，我们本该当仁不让并勇于承担。但现在很多人，当然还有报纸，都对慷慨解囊的人们大加赞誉，我却觉得它一文不值，因为只有良心的平静才是我唯一愿意索取的报酬。那些真诚伸出援手的人们，不过同我一样，只是想用自己的力量、信仰与忠诚照耀我们的祖国罢了。

当然，我并不是一个毫无瑕疵的人。在四十六年前，当许许多多的美国青年听从祖国召唤，忠诚地奔赴前线，为解放黑奴并维护联邦统一而战的时候，同样作为青年，我却以公司刚刚开业、我的家人要靠它活命为由，未能前去参战。

这个理由似乎能让人心安理得，但却一直让我的良心不安。那时国家是需要我的，是需要我去流血的。直到十几年前那场经济危机的到来，我才有机会得到救赎。当时，联邦政府无力保证黄金储备，华盛顿转而向摩根先生求助，但摩根也无能为力，是我拿出巨资助政府一臂之力才平息了那场金融恐慌。能为国家出力，这让我非常高兴，这比赚得金山银山还让我高兴。

但我绝不会自命不凡，更不会将自己视为拯救者。只有傻瓜才会因为有钱而自命不凡。我知道，我虽然拥有巨额财富，但比拥有巨额财富更崇高的是，我首先是一个公民，是公民，即应承担巨大的公共责任，就应该按照祖国的需要为祖国服务。

孩子，我们确是有钱，但我们都不能肆意花钱，在任何时候都不能。我们的钱绝不能给任何一个自私自利的人，它们只能用在给人类创造价值的地方。当然，我们也绝不再给共和党人捐款助选，包括那个已经把我们害得够苦的西奥多·罗斯福。

心灵是要靠名誉和美德来装饰的，如果没有它们，即使肉体再美，也是一堆粪土。更别说财富，那更是身外之物。我们要珍惜它，找到它的用武之地，但不能视它为命根。我们拥有巨额财富，便拥有巨大责任。财富来自于社会，我们对社会便有责任。

爱你的父亲

1907年11月20日

第三十七封　滋养你的心灵

亲爱的孩子：

我得告诉你，就像我们的身体需要食物一样，我们的精神也需要营养。但许多人在满足他们脖颈以下的消费时候，却总是让自己的心灵忍饥挨饿。他们常以没有时间为借口，只在意外或偶然的情况下才充实它一下。

也许我的看法有失偏颇，我们正处于无限制满足脖颈以下却在忽视脖颈以上需求的时代。事实上，我们经常听到有人说错过一顿午餐是件大事，却听不到你最后一次满足心灵饥渴是在什么时候发出的声音。很显然，我们每个人并不都是精神的富足者啊！

在当今这个世界上，精神贫瘠的人比比皆是。那些生活在沮丧、消极、失败与忧郁中的人，任由心灵黯淡无光，其实精神的滋养和灵魂的召唤是他们最需要的，但他们却几乎全都排斥再度充实自己的心灵。可惜充实空虚的头脑并不像填满空虚的肚子一样简单，如果贪便宜的话，反要接受心灵空虚的惩罚。

心灵是我们每个人真正的家园，我们是好是坏都取决于她的抚育。在心灵家园里，每一件东西都有其效用，或者有其创造性，为你的未来添砖加瓦；或者有破坏性，降低你未来可能的成就，例如积极。

为什么每一个达到高峰或快达高峰的一流人物都是积极的呢？是因为他们的心灵能定期地得到良好、清洁、有力、积极的精神思想来充实。就像食物是身体必需的营养一般，每天的精神食粮也是他们不可或缺的。他们知道如果能充实颈部以上的部分，就永远不愁填饱颈部以下的部分，甚至不必忧愁老年的生计问题。

一个人如果有自己的家，又怎么会去流浪或沦为乞丐呢？人们应该明白的是，即使你要出卖心灵，也要卖给自己，我们要学会自我接纳。另外，上帝既然以自己的心意创造了人，就不会在有关年龄、教育、性别、胖瘦、肤色、高矮或其他任何方面做出限制，上帝不会忽略每个人，更没有时间创造无用之人。所以，我们要用积极的态度塑造自己的人生。

两年前，心理学家卡尔·荣格先生与我不期而遇，他给我讲了一个故事：

> 有一个被洪水困住的人，爬到屋顶上避难。有个漂浮过来的邻居说道："约翰，这次大水真是可怕，你不觉得吗？"
>
> 约翰回答道："不，没那么严重吧！"
>
> 邻居有点吃惊，就反驳说："这还不严重吗？你的鸡舍已经被冲走了啊！"
>
> "没错，我知道。但是半年以前我就已经开始养鸭了，现在它们都在附近游泳，所以我觉得事情都还没那么糟。"约翰说。
>
> "可是，约翰，你的庄稼全被这次大水冲毁了啊！"邻居坚持说。
>
> 约翰回答说："没，没有。我种的庄稼因为干旱而收成不好，就在上周，还有人告诉我，我的土地需要多浇点

水，这不是挺好的嘛！"

"但是你看，约翰，大水还在上涨，就快要涨到你的窗户上了。"那位悲观的邻居再次对满脸微笑的约翰说。

"这些窗户实在太脏了，我正需要清洗一下。"乐观的约翰笑得更开心了。

虽然这听起来像个玩笑，但能以积极的态度来应对这个错综复杂、波涛起伏的世界，显然这是一种境界，一旦达成这种境界，即使遇到消极的情况，我们的心灵也能自动做出积极的反应。要想达到这种境界，我们只有不断地充实、洁净我们的心灵。

每个人都能改变别人或被别人改变。荣格先生说，只要改变一个人的词汇，他的收入、享受就能得以建立，他的生活乃至他的人生都会得到改变。例如"恨"字，假如你不再想它，把它从字汇中除去，用代表感觉与梦想的"爱"字来代替它，那你的心灵就会在移取中变得更加纯净与积极。虽然，这种移去与取代的文字，几乎是永无止境的。

我们的心灵，你供养它什么。它就会采取什么样的行动。我相信，放进心灵中的事物对我们的未来非常重要。所以问题显然是：我们要怎样喂养我们的心灵——找什么时间去充实我们的心灵。

工欲善其事，必先利其器。我们常常花大量的金钱和时间去刮胡须、理头发、修饰头脑的外表，可为什么我们不花同样的时间和金钱，来装饰头脑的内部呢？

事实上，精神食粮随处可得，例如书籍。经由心灵火花碰撞而写成的伟大书籍，是洗涤并充实我们心灵最好的食粮。我们可以任意挑选我们想要的，因为它们早已一劳永逸地为后人指明了方向。

伟大的书籍就是伟大的智慧树，我们的心灵将在其中得以重塑。让我们学会既聪明又谦逊，既谦逊又聪明吧！

当然，那些文字商人的书，只配捧在那些浅薄、庸俗人的手里，我们是绝不能读的。要知道，那些书有如瘟疫，到处充斥着无耻的邪念、讹误的消息和自负的愚蠢。而能给我们带来行动的信心与力量，能将我们的人生推到崭新的高度，能引导我们行善的书，例如《奋力向前》，才是我们需要的啊！

《奋力向前》是一部激荡我们灵魂、激发我们生命热情的伟大著作，我相信美国人民都将因它的问世而受惠，并因此鼓舞自己的斗志，抵达梦想的生命之境。我甚至相信，谁错过了机会没有读到它，谁就很可能错过伟大的人生。这本书能为所有的人开启幸福快乐之门，我希望我的子孙都能去读读。

一种因定期滋润与强调而日趋旺盛的驱动力，能引领人们爬向高峰。无疑，那些成功人士都能体会到，高峰有很多空间，但是没有足够的空间让人停滞不前。心灵就像身体一样，必须定期给予营养补充，身体、心理与精神方面的营养，都需要分别照顾到才行。

没有谁可以阻挡我们回家的路，孩子，除非是我们自己。让心灵之光照耀我们前进的路吧！那么，这样的路一定是光辉的道路。

爱你的父亲

1914年8月1日

第三十八封　你也能成为大人物

亲爱的孩子：

你也许读到《马太福音》中有一句圣言："你们是世上的盐，盐若失了味，怎能叫他再咸呢，以后就无用，不过丢在外面的人践踏罢了。"这是个非常平凡而又发人深省的比喻。食盐不仅有味，还能清洁物品和防止腐烂的作用。《圣经》想以此教诲人们应该肩负怎样的使命，并发挥怎样的影响。人到世上来就是要美化和净化所在的世界，要让这个世界免于匮乏也免于腐败，并不断创造更新鲜、更健康的生活环境。

盐的主要责任是具有盐味，盐的盐味则象征着高尚、有力、真正虔诚的宗教生活。那么，我们应该用财富、原则和信仰做些什么呢？当然，我们要成为世上的盐，去努力地服务于社会，使人们能得到上帝赐予的富裕和慈爱，这是我们人生的最大天职。

我们现在的责任，就是要潜心于我们的给予艺术，完全献身于我们身处的社会和人们，我想没有比这个更加崇高的了。

说到伟大，我想起了一篇伟大的演讲词，那是我一生中不多见的伟大演讲词。它告诉我，人没有什么了不起，但也没有什么比人更了不起的了，这种了不起要看你为你的同胞和国家做了些什么。

爱你的父亲

1906年6月8日